青少年志愿服务公益实践指导丛书

U0659595

青少年
志愿服务公益实践
学生指导手册

尚立富　主　编

韩　辉　副主编

北京师范大学出版集团
BEIJING NORMAL UNIVERSITY PUBLISHING GROUP
北京师范大学出版社

顾问委员会

王思斌　北京大学教授、中国社会工作教育协会名誉会长

徐月宾　北京师范大学社会发展与公共政策学院院长、教授

陈树强　中国青年政治学院社会工作学院院长、教授，中国社会工作教育协会副会长

古学斌　香港理工大学应用社会科学系副教授

史柏年　中国青年政治学院教授

许莉娅　中国青年政治学院社会工作系主任、副教授，中国社会工作教育协会学校与青少年社会工作专业委员会主任

翟福华　美国福特汉姆大学社会服务研究生院终身教授，美国哥伦比亚大学人口中心研究员

做改变世界的公益达人

大家好！我是宫小亦，你是不是觉得我的名字很有意思呀，其实我就是另外一个你，我希望自己不要整天在教室里看书、写作业。我在自己业余和休息的时间，做了一些非常有趣和有意义的事情。通过这些事，我找到了另外一个自己，我可以做"小超人"，用自己的行动来改变世界。

我以前觉得自己只有长大了、学习了很多知识才能改变社会，后来我做了一个梦，梦见公益小使者带我走进了他们的世界，他们每个人都笑容满面。他们带我去参加他们的活动，他们年龄跟我差不多，他们都在通过自己的能量去做改变世界的事情。我醒来后发现，自己身上也有很多能量，我也要和我的小伙伴一起去做"小超人"，做我们能做的事情。我可以做"家庭公益达人"，从家庭废物利用、节水、节电等做起；在学校，我还可以做"学校公益达人"，减少食物浪费，帮助遇到困难的同学等；在我们的社区里，我可以做"社区公益达人"，不让小狗到处拉臭臭，我要给它找一个固定的收集点，通过我自己的手让白色垃圾找到自己的家，维护社区的公共设施，让社区的环境变得越来越美好。

通过做这些事情，我身边的人都对我赞赏有加，其实这不是主要的，主要的是我自己的收获很大。虽然学习很累，但我找到了一些很有趣的事情，这让我觉得很快乐，让我觉得自己是一个有价值的人。我改变了以前的想法，以前我认为只有长大了才能去改变世界。在改变世界的过程中，我学习到了很多新的东西。你想知道我是怎样做的，学习到了哪些新东西吗？如果你愿意，你就来到我的世界感受一下吧，等你哦！

目录 Contents

第一章

写在前面的"话"

第一节　公益小使者的话

鲁卓怡(燕山前进第二小学二年级)

多帮助别人是很快乐的事情。

毕熙勋(燕山前进第二小学三年级)

多做公益就等于多帮助别人，自己也会快乐。

巫泽其(永泰小学二年级)

在本次活动中，我学到了要保护环境。

黄阳(永泰小学三年级)

活动让我明白了环保的重要性。

丁思彤（永泰小学四年级）

多帮助别人，别人快乐，自己也快乐。

王欣（燕山前进第二小学五年级）

大家一起去帮助别人吧，这样你也会很快乐。

邹婷（永泰小学四年级）

我在活动中明白了团队合作才能取得好的效果。

孙雨童（永泰小学五年级）

这次活动让我们增强了团队合作精神。

做公益是一件非常有意义的事情，希望大家都能够与我们一起，发挥自己的能力与想象力，相信在我们共同的努力下，世界一定会更加美好！一起加油！

第二节　长辈的话

孩子们，你们真好！

当我踏上公共汽车，有青少年给我让座的时候；当我走在路上，掏东西时不小心把其他物品带出来时，忽然听到一位少年儿童亲昵地说"奶奶，您的东西掉在外面了"稚嫩而又陌生的声音的时候；当我看见红领巾少年搀扶残疾人过马路的时候；当我看到一群群年龄不同的青少年清理小广告的时候……感激之情油然而生！

因为，你们这一代青少年，逐渐告别个人主义和狭隘的家庭主义的禁锢，你们的公益意识在社会实践中逐步树立起来，你们的公益行为自觉形成了！你们能从自我做起，从身边的小事做起，用自己的力量参与到社会及社区的服务中，树立起主人翁精神和社会责任感，你们真棒！你们是好样的！你们已经走在公益教育的幸福大道上了！

感谢你们，亲爱的同学们！孩子们，你们真好！

北京市清河小学原校长

北京市海淀区教育委员会社区教育专家组成员

沈亚清

5

爷爷奶奶的话

参加公益活动是很有意义和价值的，对大家的成长有极大的好处；希望你们能够积极参与并坚持下来。不论结果如何，你们都会收获许多！加油，我们永远支持你们！

爸爸妈妈的话

在学习之余参加公益活动，既锻炼了综合能力，又培养和塑造了公益意识，对你们的成长和发展有着非常重要的意义；作为爸爸妈妈，我们非常赞成也非常支持你们的这一活动，看到你们成长，就是我们最骄傲、最幸福的事！

公益事业，从小做起，从小培养。成为对社会有责任的小主人，你很棒！

——一位四年级学生的妈妈

参与节能降耗，尊老爱幼，文明礼貌，做一个有爱心的好孩子。

——一位二年级学生的妈妈

老师的话

同学们，"公益"是什么？

从下面的故事中你们能找到答案。一个风雪交加的夜晚，推销员克雷斯的汽车坏在了山区，他如果不离开就会被冻死。这时，一个骑马的陌生男子路过，用马将克雷斯的汽车拉出了雪地。当克雷斯拿钱表示感谢时，这个男子却说："我不要求回报，但我要你给我一个承诺。当别人有困难的时候，你也尽力去帮助他。"后来，克雷斯帮助了许多人，并把中年男子对他的要求同样告诉了他所帮助的人。6年后，克雷斯被洪水困到了小岛上，一名少年帮助了他。当他感谢少年时，少年竟然说出了那句让他永远也不会忘记的话："我不要求回报，但我要你给我一个承诺……"

是的，公益是给予，是奉献，是不求回报。花朵总是用灿烂的笑脸迎向天空，那是因为有了阳光无声的沐浴；大树总是用挺拔的身躯护佑着大地，那是因为有了土地无私的滋养；鱼儿总是眷恋潺潺的流水，那是因为有了水滴温暖的拥抱。公益，就像阳光、土地和流水，它们拥有着美，同时又把爱播撒到身边，为这个世界创造着另一份美丽。

我们，都是有爱的孩子。学着把我们的爱，一分为二，一半儿留给家人和自己，一半儿留给需要帮助的人和事。学着体贴家人，自己的事情自己做，家里的事情帮着做；践行环保，做绿色生活的先行者，用自己的行动带动身边的人；关爱困境中的人们，送去力所能及的帮助，让爱心无限传递下去……

同学们，让我们一起热心公益，参与公益。虽然我们的力量微不足道，但我们的行动会深入人心。当思想化成了行动，当行动变成了习惯，当习惯融入了生活，我们会感受到公益的快乐！

北京市海淀区永泰小学副校长　李雨梅

第三节　编者的话

亲爱的同学们，看完公益小使者和长辈的话之后，你们一定体会到做公益的意义重大。作为编写者，我们希望你们在体会到公益意义的同时，能够了解这本手册，熟悉这本手册，并且善用这本手册，最终通过自己的亲身实践和努力，成为影响他人、改变世界的公益达人。

一、手册里有什么

本手册在"第一章　写在前面的'话'"之后，还主要包括以下六个部分：

> 第二章　低年级学生篇（以日记的形式向低年级同学展现公益实践活动的一般过程）

> 第三章　中高年级学生篇（以故事的形式向中高年级同学展现公益实践活动的一般过程）

> 第四章　学校主导的公益实践活动案例

> 第五章　学校—家庭—社区公益实践活动案例

> 第六章　学校—社会公益实践活动案例

> 附录（低碳生活快乐营活动手册、活动集锦、资源链接）

二、如何使用手册

对于这本手册，建议大家这样使用：

☆ 低年级和中高年级的同学通过宫小亦的日记和故事分别了解并熟悉公益实践活动的过程，请特别关注宫小亦的分享；

☆ 在熟悉宫小亦事迹的基础上，请认真完成每部分的思考；

☆ 结合学校的公益教育，请阅读并学习不同类型的公益实践活动案例；

☆ 参照宫小亦的事迹和不同类型的公益实践活动案例，请尝试进行同学们自己的公益实践活动；

☆ 根据自己将要进行的公益实践活动，选择并创造性地使用附录中的手册和资源链接。

友情建议

请详细、生动地记录下同学们自己开展的公益实践活动，然后花些时间、用些心思制作鲜活的小手册，在与他人分享公益成果的同时，继续传递富有生命力的公益精神。

第二章

低年级学生篇

宫小亦 简介

姓名：宫小亦

爸爸：大官爸爸

妈妈：围裙妈妈

年级：小学二年级

属相：猪

星座：射手座

喜欢的作品人物：铠甲勇士、马小跳

优点：热情、聪明、勇敢、行动力强

不足：任性、冲动、不太会跟小伙伴交往

最难忘的事：暑假期间的一次公益活动

宫小亦其人

宫小亦的公益日记

我是宫小亦，现在，
一起走进我的公益之旅吧
——活动准备

好好准备行动，才能
让事情变得更有把握

××××年××月××日　　　　星期五　　　　多云

今天，我们第一次进行公益活动，老师告诉我们要好好动脑筋，大大地发挥每个人的创造力，需要把一些东西变废为宝，让废品也重新焕发生命的光彩。小雨主动来找我，建议和子皓等几个小伙伴组成一个小团队。起初，我有点犹豫，虽然说人多力量大，但也得组织好啊，要不然大家七嘴八舌的，想一起完成一件事情也是不可能的。人缘好的小雨似乎看出了我的心思，他笑着说："你是不是担心大家的想法不好统一，一起做事情有点困难啊？"

我点点头。他接着说："虽然每个人都有自己的想法，但也是可以一起商量的啊，咱们可以试一试。更何况这几个伙伴，我们还是挺熟悉的，大家平时也一起做过不少事情呢。"我想了想，觉得可以试一试，有小雨在，我也可以向他学习一下怎么和更多的小伙伴交流和相处。于是，我和小雨分头联系小伙伴们，向他们分别说明组建小团队的具体想法。没想到的是，大家都挺积极的。于是我和雨强、子皓、萌萌、小雨组成了一个小组，大家一起来完成这次活动。

于是，大家先约定了一次集体会议。开会时，我先提出了一个问题："我们要把什么东西变废为宝呢？"大家的想法可多了。有的建议用易拉罐做储物盒，有的建议用贝壳做台灯下面的"装饰花园"，还有的建议用空的矿泉水瓶做辅助晾衣架……大家先是说得热火朝天，后来因为想法不一样，就开始有些小争论，特别是子皓和萌萌，两人互不相让。此时的我心里挺着急的，就想直接制止他们。但想了一想，光制止是不行的，还得想办法解决。这时，小雨说话了："大家之前是愿意在一起做些事情的，现在你们的心情，我能理解，大家都想为咱们这个小组贡献点子，这是挺好的，但不要因此忘记了我们最初的想法，把集思广益变成了争论。"他这样一说，大家都安静下来，顿时觉得小雨说得有道理。这时，我的新想法也有了，于是我提议："在大家确定活动主题之前，我提议先一起讨论形成小组活动的规则或规范，也就是说，为了让我们的小组能顺利、有序地进行活动，大家觉得我们要共同做到些什么。"刚说完，小雨和雨强不约而同地点头赞成。子皓也小声说："是需要商量好一些大家都同意的规则，我可不想和人吵架。"萌萌也抢着说："我也是这样想的，我参加这个小组，是想做些事情的。"听到大家都赞成我的提议，我心里比之前轻松了许多。于是，大家便一起商量小组的共同的规范。经过之前的争论，在讨论小组规范时，大家变得心平气和了，都能够认真听取别人的想法。很快，大家达成了7点小组活动约定，而且我们把这些约定一一写出来，还签上了每个人的大名。之后，大家一起讨论出将家里的很多废报纸变成可以穿在身上的"时装"。

"无敌铠甲"小组活动约定

① 遵守时间安排，不迟到，不早退；

② 遇到有争议的问题，小组成员要一起讨论决定；

③ 小组成员之间要互相包容、不指责；

④ 小组成员既要分工合作，又要积极沟通；

⑤ 出现问题要及时想一想为什么，大家一起找到更有帮助的办法；

⑥ 大家集体面对困难与疑问，积极想办法；

⑦ 成果与荣誉共同分享。

小组成员签名

宫小亦　　小雨

萌萌　　子皓　　雨涵

　　活动主题定下来之后，我们的5人小组就成了"时装小组"。大家有3天的时间做准备。萌萌说，我们像是一个服装设计工作室！她说得真不错，于是经过她的启发，我们开始分工，真正像一个工作室一样开始工作，这样一定会很快完成的！

　　小雨人缘非常好，很多同学都喜欢他，他说可以为我们的活动找来一些帮忙的人，还可以多多宣传我们的活动，于是我们一致同意他做"宣传家"，他自己也很乐意；萌萌很有想法，她说愿意在小组里提出更多的新点子，她就做了小组的"智多星"；雨涵很喜欢记录、画画和设计，就成了我们的"大文书"；子皓平时在班里是生活委员，保管东西很细心，我们都选他当"大管家"；而我呢，因为发起了这个活动，大家又很信任我，所以就成了"小组长"。小组这么愉快就决定好了分工，我们也很开心地给小组起名字叫"无敌铠甲"，意思是我们要像铠甲勇士一样勇敢地行动！我们一定会成功！看看时间，已经到了要回家的时候了，于是我们约好第二天下午两点在广场见面，大家一起好好讨论我们要设计的活动，活动之前的准备很重要哦！我们很期待，也很有信心！加油！

"无敌铠甲"小组
活动计划

一、活动名称

"无敌铠甲"变废为宝活动

二、活动目标

小组成员通过交流、讨论和设计，将身边废弃的物品，如报纸等变成有生命力或有价值的东西；本活动主要培养大家的合作能力、沟通能力、问题解决能力和创造力。

三、活动时间和地点

（一）活动时间：2016年6—7月

（二）活动地点：学校操场、学校教室

四、活动步骤

（一）活动准备

活动主题：变废为宝

步骤	内容	方式或方法	所需的资源	注意事项
1	形成小组、分工并形成小组约定	小组讨论、共同商量	笔记本、笔	友好讨论，避免争吵
2	找寻废旧的材料	组员分头自己去找或请家长帮忙找	如报纸、包装盒或挂历等	找废旧的东西
3	查询变废为宝的资料	查询网络、报纸或询问家长、老师	电脑、家长或老师	积极主动
4	确定变废为宝的设计	讨论	笔记本、笔	设计要具体、容易操作

小组成员分工表

小组长：宫小亦 小组成员：小雨、萌萌、子皓、雨涵	
小组长：宫小亦	负责联系、协调、组织组员一起行动；与社区工作者保持联系。
智多星：萌萌	负责收集信息，集中小组成员的新点子和创意。
宣传家：小雨	负责组织小组成员确定活动宣传的内容和形式（如到居民家庭中宣传，拉条幅，请家长帮忙建立QQ群、微信群等）；对外联系并寻找各类社会资源。
大文书：雨涵	负责组织小组活动整个过程的记录工作，如小组口号、小组计划、小组成员的收获等的记录。
大管家：子皓	负责保管、分发本小组的活动物品等。

说明：
①每个成员都是小组的一分子，在小组中都要有所担当；
②每个不同的角色，由小组成员根据组员的特长和意愿，选举产生；
③不同的角色负责组织相对应的事务，具体事情需要组员一起完成；
④小组成员团结合作，就会形成很棒的小组计划，而且有可能成功地开展。

（二）活动实施

活动主题：变废为宝

步骤	内容	方式或方法	所需的资源	注意事项
1	实施变废为宝的设计	小组行动、共同制作	报纸、包装盒或挂历	友好商量
2	整理好设计的作品，并命名拍照	分工合作	彩色笔、纸贴、相机等	友好合作
3	保管好设计的作品	分工保管	包装袋、纸袋等	积极主动
4	展示变废为宝的各类作品	班级、学校或课外活动	展示台或展示板	根据学校或班级安排展示或自行安排展示

（三）活动总结

1. 收获与分享

每个人以文字、绘画或图片的形式分享自己的收获。

2. 总结与反思

（1）活动中印象深刻的是＿＿＿＿＿＿＿＿＿＿＿＿＿＿＿。

（2）活动中的心情是＿＿＿＿＿＿＿＿＿＿＿＿＿＿＿＿＿。

（3）活动之后新的想法是＿＿＿＿＿＿＿＿＿＿＿＿＿＿＿。

（4）活动之后新的做法是＿＿＿＿＿＿＿＿＿＿＿＿＿＿＿。

五、活动注意事项

活动中小组成员要注意安全，良好沟通，积极找寻身边的资源。

和小伙伴一起讨论时，先要学会"听"

1. 仔细听小伙伴讲话的内容；
2. 有自己的想法时，不要打断别人说话；
3. 自己和别人的想法不一样时，不要说别人的想法不好；
4. 找到大家想法的共同点。

1. 小组里的角色没有大小之分，每个角色都发挥着不同的作用，小组长的角色需要更多的担当意识和组织、协调能力，小组长的产生，也需要大家讨论或民主推选；
2. 小组的名字和口号是由小组成员商讨形成的，要体现大家的意愿。

请特别关注哦！

宫小亦与你分享

与小伙伴组建小组

1. 同小伙伴一起，根据公益课程的知识和自己的理解，讨论交流，想想小组要做什么活动，用什么方法做；
2. 大家开动脑筋，就能设计出好的活动哦！

小伙伴有了共同的想法后

1. 根据自己和小伙伴的喜好和特长，选择在小组中的角色：小组长、宣传家、大文书等；
2. 给小组定个有意义的名字和口号，分工合作可以提高行动效率，名字和口号会让大家更有凝聚力哦！

准备阶段要记得去寻找周围的资源

1. 家长、老师、朋友、同学、社区居民以及活动场所等都是可以利用的资源；
2. 2~3个热心的家长顾问很重要，一定要邀请你们的爸爸妈妈成为家长顾问哦！多和他们交流，得到他们的支持。

重要的是

1. 一定要把大家的共同想法制订成具体的活动计划，包括活动内容、活动形式和目的，有计划才能有效率哦！
2. 大家要一起制定出小组约定，才能保证活动的顺利进行。

行动时，一定要参考"加油站"中"信息和工具包2-1"的内容哦

看完宫小亦和他的小伙伴的日记故事，请在下面的空白处写出令你印象深刻的是什么。

看完宫小亦与你的分享，请在下面的空白处写出你有哪些收获。

看完宫小亦与你的分享，请在下面的空白处写出你有哪些新的想法。

加油站——为你开展公益活动提供帮助的资源站

信息和工具包 2-1

里面有一些公益活动准备阶段的信息、活动计划等表格工具。

☆同学们可以直接使用☆同学们可以参考使用☆同学们也可以设计自己团队的新工具

（一）小组成员各角色负责的事情

☆ 小组长：组织、协调小组成员一起设计活动、开展活动。

☆ 智多星：收集信息，集中小组成员的新点子和创意。

☆ 宣传家：组织小组成员确定活动宣传的内容和形式（如到居民家庭中宣传，拉条幅，建立社区QQ群、微信群等）；对外联系并寻找各类社会资源。

☆ 大文书：负责组织小组活动整个过程的记录工作，如小组口号、小组计划、小组成员的收获等的记录。

☆ 大管家：负责保管、分发本小组的活动物品等。

特别说明

1. 每个小组成员适合不同的角色，每个人可以先选择自己喜欢的或者能够发挥自己特长的角色；

2. 遇到大家都想选的角色，要好好商量或一起投票选出合适的人选；

3. 在之后其他主题的活动中，大家可以分别尝试不同的新角色。

小组成员在活动中有不同的角色，角色没有轻重之分，角色的分工与合作很重要！更重要的是，大家都是公益活动的行动者！

（二）小组活动约定格式参考

小组活动约定

　　小组活动约定是小组成员经过集体沟通、讨论以后，形成的大家共同认可的、小组内部的行为方式和规则，比如遵守时间、集体讨论决定、包容、不指责、遇到困难大家一起想办法、一起分享成果等。小组约定能够帮助大家有序、顺利地实施计划和开展活动。

① _____

② _____

③ _____

④ _____

⑤ _____

⑥ _____

小组成员签名

（三）小组活动计划格式参考

_____小组
活动计划

☆ 小组名称：

☆ 小 组 长：

☆ 小组成员：

一、活动计划名称

要求：简单明了地写出活动计划，突出活动主题，如"×××活动计划"。

二、活动目标和意义

要求：活动目标是活动想要实现的具体结果；活动意义主要体现的是活动的价值。

三、活动时间和地点

要求：详细写出活动时间和地点，并明确写出场地、时间等方面的安排。

四、活动步骤

要求：这是活动计划的重点，表达要具体、详细、清楚；不局限于文字表达，可以运用图表等形式。

活动步骤主要包括三个方面。

（一）活动准备

活动准备包括确定活动的主题、内容与形式、组织分工、需要的社会资源、可能出现的问题及应对等。

小组成员分工表

组　　名：
小组成员：

小组长	负责联系、协调、组织组员一起行动；与社区工作者保持联系。
智多星	负责收集信息，集中小组成员的新点子和创意。
宣传家	负责组织小组成员确定活动宣传的内容和形式（如到居民家庭中宣传，拉条幅，建立QQ群、微信群等）；对外联系并寻求各类社会资源。
大文书	负责组织小组活动整个过程的记录工作，如小组口号、小组计划、小组成员的收获等的记录。
大管家	负责保管、分发本小组的活动物品等。

说明：
① 每个成员都是小组的一分子，在小组中都要有所担当；
② 每个不同的角色，由小组成员根据组员的特长和意愿，选举产生；
③ 不同的角色负责组织相对应的事务，具体事情需要组员一起完成；
④ 小组成员团结合作，就会形成很棒的小组计划，而且有可能成功地开展。

（二）活动实施

活动实施包括活动实施的具体步骤、内容、方式或方法、所需的资源、注意事项等。

活动主题：

步骤	内容	方式或方法	所需的资源	注意事项

（三）活动总结

活动总结包括活动过程中的收获、对活动的思考与建议。

收获

思考与建议

五、活动注意事项

要求：活动注意事项包括在活动中的安全、成员沟通、小组成员觉得需要注意的方面等。

? 想一想，写下来

如果你要和同学或小伙伴一起做公益活动，你们会做什么主题的活动？

在活动之前，你和同学或小伙伴要做哪些准备？

请和同学或小伙伴一起讨论后，参考"信息和工具包2-1"，设计出你们小组的活动约定和小组计划。

（四）自己小组的创新设计

1. 小组活动约定

2. 小组活动计划

宫小亦的公益日记

我是宫小亦，
继续走进我的公益之旅吧
——活动实施

大家一起脚踏实地，身体力行，活动才能落地生根

×××× 年 ×× 月 ×× 日　　　　星期日　　　晴

今天，我们就开始正式设计时装了。萌萌帮我们找到很多废报纸作为制作服装的素材，我们大家也都带来了其他可以用的东西：有彩色图片的过期杂志、小卡片、水彩笔、胶带、订书机……雨强和子皓也分别设计出了一套公主裙和小西服的图纸，所以我们的制作过程就变得有目标了。为了保证活动的效率，我们决定分工制作：我和雨强负责剪裁制作公主裙，子皓、萌萌和小雨负责完成小西服。

29

按照雨强和子皓的图纸，我们先在报纸上画出服装的每一部分，剪好以后再组合就可以形成时装成品了。可是没想到，在裁剪西服领结部分的时候，小雨不小心剪坏了一部分，萌萌很生气，大声对小雨说："你怎么可以这么不小心，我们大家的苦心都白费了，这样我们得浪费多少时间啊！"大家开始抱怨小雨的失误，我也有点不开心。可是，看着小雨难过和自责的样子，我明白，他肯定不是故意的；而且我们这样抱怨也于事无补啊。这时，我突然想起了大家一起制定的小组约定，其中有一条是不指责，还有一条是遇到问题或困难时，大家一起积极想办法解决。于是，我对大家说："大家还记得我们的小组约定吗？遇到现在这种情况，咱们说好要怎么做呢？"雨强说："我记得有一条是不指责。"子皓接着说："是的，我也记得这一条，还有一条是遇到困难大家一起积极想办法解决，我想小雨也不想这样，我们大家还是一起想办法吧。"萌萌听完不好意思地低下了头，突然又抬起头，有点兴奋地说："我想到了一个新办法，咱们可以把原先领结的设计改成像唐装那样的领子，我爸爸去年过年穿了一件，可好看了！"小雨听完后说："因为我的失误改变计划，这样行吗？"大家笑着说："我们是无敌铠甲小组，这样一定行！"于是，大家就按照新的想法开始愉快地行动起来。

因为报纸容易变皱，所以我们索性团一团，把它做成有褶皱的衣服；容易碎，就撕一下，就成了裙边；卷成长条，既可以当作腰带，也能用于衣服其他部分的装饰；报纸上的图案、颜色、文字，可以直接利用，恰好当作衣服上的花样装饰！最后，我们用固体胶、双面胶、透明胶带和订书机对做好的衣服进行了固定。如果有的地方参差不齐，拼接的地方缝隙大，看起来不精致，我们就做个腰带遮住，同样也起到了装饰美化的作用；如果有的地方不能撑起来，我们就找些木棍搭在下面做支撑——终于，我们的时装雏形出现了！为了让它变得更好看，我们还集体用彩笔在"时装"上画画，画各种我们喜欢的图案：萌萌的芭比、雨涵的兔八哥、子皓的铠甲勇士、小雨的汤米，还有我的马小跳！所有一切在上面显得非常热闹，好像这些东西都在"小时装"的世界里一起生活，正在举行一场欢乐无比的大Party……

和小伙伴的沟通要点

1. 先要"听"。

2. 对没有听明白的内容，可以友好地询问："对不起，刚才你说的那个地方，我没有搞明白，能再说一遍吗？（能再说得详细一些吗？）"

3. 对和自己想法相似的同伴，要直接表达出来有共同的想法，如"我很高兴，在这方面我和你（大家）的想法一样"。

4. 对不一致的想法，不要急于说不好，可以先询问："为什么这样想？"然后比较不同的想法，可以将不同的想法优势互补，达成共识。

5. 在讨论不同的想法时，不要对提出想法的同伴做不好的评论，如"你这人太幼稚，怎么只顾自己不管别人"。

6. 要直接表达出对同伴的欣赏，如"你的想法挺有创意的，你把我们大家都想到了"等。

请特别关注哦！

宫小亦与你分享

小组行动是按小组计划分工、合作的过程

1. 行动中要多观察、多思考、积极开动脑筋，实现大家想做的事情，要对他人和社会有帮助。

2. 记得根据行动的实际情况，及时和小伙伴沟通，适当调整活动计划，灵活行动。

遇到难题时，大家要聚在一起，相互体谅，交流合作，共同面对

1. 以"积极、乐观、坚韧和希望"的心态，讨论解决困难的办法，相信"办法要比困难多"。

2. 多寻找身边的资源，可以请家长顾问多指点、帮助。

活动中，做事和记录很重要

1. 大家按角色做好自己该做的事情。

2. 每个人做好自己的记录，比如拍照、写日记和心得。

3. "大文书"可以用拍照、录像、记录心得等方式，留下宝贵的小组活动和难忘的资料。

行动时，一定要参考"加油站"中"信息和工具包2-2"的内容哦

看完宫小亦和他的小伙伴的日记故事，请在下面的空白处写出令你印象深刻的是什么。

看完宫小亦与你的分享，请在下面的空白处写出你有哪些收获。

看完宫小亦与你的分享，请在下面的空白处写出你有哪些新的想法。

信息和工具包 2-2

里面有一些公益活动实施阶段的信息、参考工具等。

（一）"积极、乐观、坚韧和希望"是公益活动成功的重要小使者

☆ "积极"小使者告诉我们：做公益活动时要有成功的信心。

☆ "乐观"小使者告诉我们：在活动中要了解现实情况并能灵活改进。

☆ "坚韧"小使者告诉我们：在活动中遇到困难时，要学会承受一定的压力，克服困难，找到新的想法和办法。

☆ "希望"小使者告诉我们：做公益活动时，要有实现活动目标的决心和方法。

在公益活动中，要记得四位小使者告诉我们的话哦！

（二）我的公益活动小日记

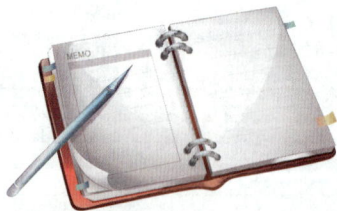

建议小日记的内容

1. 写出在公益活动中大家一起都做了什么或者印象深刻的事情。

2. 写出公益活动过程中自己的想法和心情。

3. 写出或者画出自己在活动中的收获和以后的行动想法。可以把自己的日记讲给爸爸妈妈或好朋友听，和他们一起分享，还可以听听他们怎么说。

我的公益活动小日记

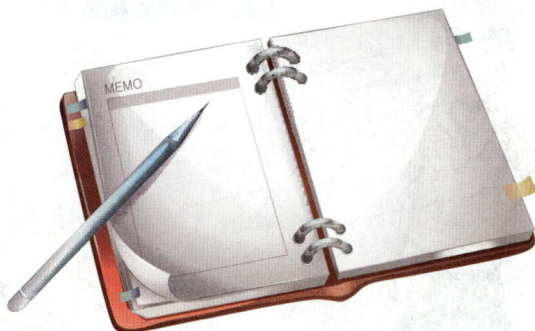

×　×　×　×年×　×月×　×日　　　　　星期×　　　　天气

宫小亦的公益日记

我是宫小亦，
继续走进我的公益之旅吧
——活动反思

要像放电影一样，多回顾大家一起做的公益活动，我们就会更有收获！

×××× 年 ×× 月 ×× 日　　　　星期五　　　　晴

　　终于，我们的时装设计完成了。看着色彩艳丽、造型新颖的公主裙和小西服，我们都很开心，这是我们第一次通过自己的努力完成的很有意义的活动。还记得活动中因为小雨的失误，大家出现了不愉快的情况，我当时还担心大家因此就不再合作了，我们的活动没有办法继续。幸好，大家还记得我们的小组约定，那可是大家一起讨论的。每个人最后还是做到了不指责，大家都挺宽容的，而且还愿意一起想办法解决突然出现的难题。现在想想，也正是这个小环节，才让我们更加团结和相互理解，才使之后的活动更有成果。让我印象最深的是大家之间相处得更加融洽，通过这次活动，我们都成了好朋友。我体会到朋友之间重要的是相互包容，而且我觉得人多力量大的原因是大家都相互合作。这次做小组长，我收获很多。我发现自己还是挺负责的，在活动的关键时候，能组织、协调大家，让我们的活动顺利完成，所以我还挺佩服自己的。

我想，以后要有这样的活动，我们也要和这次一样，大家集体讨论出行动计划，并根据各自的爱好和特长主动选择适合自己的角色，而且我们还要多找几个支持我们的家长顾问，他们给我们的指点还是很有帮助的。大家面对困难时，首先要有一个积极的心态，相信小组有能力去解决，然后集体行动，找到合适的方法。有了不同意见，大家也可以多沟通，清楚地了解每个人的想法之后再选择更好的解决办法。

这次活动使我明白了：要耐心地听小伙伴的想法，学习他们的优点；作为一个组里的伙伴，我们不能仅仅只做好自己的事情，更要努力去帮助其他小伙伴。此外，我发现，很多事情我们自己就可以做了，不一定事事都要找爸爸妈妈和老师帮忙！我们自己也很棒！将来我们可以通过自己的行动去影响更多人加入我们，一起废物利用、节能环保！人类要和自然和谐相处！

我们对活动进行回顾和反思

1. 整理好活动记录，并一起回顾活动的经过。
2. 让自己想法更多，认识自己更多，体验更丰富哦！

同时，要学会反思做过的活动，学习反思的途径有以下几个

1. 向中高年级的大哥哥、大姐姐学习怎样反思。
2. 请教老师或家长顾问。
3. 还可以大家一起找资料学习"怎样反思"，为一起反思做好准备。

小组反思后，可以用日记的方式总结自己的收获，并把一些新的想法付诸行动哦

行动时，一定要参考"加油站"中"信息和工具包2-3"的内容哦

请特别关注哦！

宫小亦与你分享

看完宫小亦和他的小伙伴的日记故事，请在下面的空白处写出令你印象深刻的是什么。

看完宫小亦与你的分享，请在下面的空白处写出你有哪些收获。

看完宫小亦与你的分享，请在下面的空白处写出你有哪些新的想法。

信息和工具包 2-3

里面有一些对开展的公益活动反思的信息、参考工具。

（一）反思会帮助我们成为有责任、懂关爱、更快乐的人

☆ 反思： 反思是一个人对自身活动的注意和知觉的能力。通过对我们公益行动的反思，我们会看到自己在公益想法和行动上的变化，我们会发现帮助家人和小伙伴是很开心的事情；我们会发现集体行动中大家的聪明才智和包容；我们会发现自己越来越喜欢和小伙伴在一起做帮助别人的事情；我们会发现我们的公益小组能影响大人们一起来做好人好事……这些发现就是我们的成长，我们会向着一个有责任、懂关爱、更快乐的人迈进。

（二）4F反思法

英国学者罗杰·格里纳韦（Roger Greenaway）提出用4个F，即Facts（事实）、Feelings（感受）、Findings（发现）、Future（将来）的提问进行反思。台湾体验式学习专家洪中夫用扑克牌的花色说明4个F的含义，请同学们学习、应用一下吧！

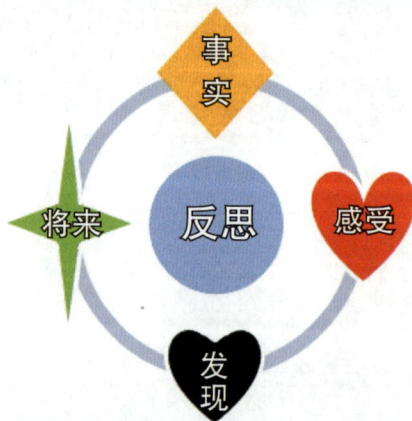

事实　感受　发现　将来　反思

事实◆：方块代表"事实"，指通过不同角度或方面进行观察，描述事件和自己的经验。同学们可以用这样的提问进行反思，比如，你参加的公益实践活动是什么样的？活动中给你留下深刻印象的是什么？

感受♥：红心代表"感觉和情绪"，主要表达自己想要分享的心情或感受。同学们可以用这样的提问进行反思，比如，参加活动时你的心情是怎样的？大家当时的心情是怎样的？令你印象深刻的心情是什么？

发现♠：黑桃代表"深入思考后的发现"。同学们可以用这样的提问进行反思，比如，从活动中你学到了什么？在活动中大家有什么新的发现？为何会出现这样的结果？

将来✤：梅花代表"对今后的思考"，思考怎样把活动中的学习经验应用在今后的行动计划、学习计划中等。同学们可以用这样的提问进行反思，比如，你会怎样计划、安排以后的公益实践活动？你会如何将在这次活动中的学习收获运用到以后的生活或活动中去？

（三）我的反思小日记

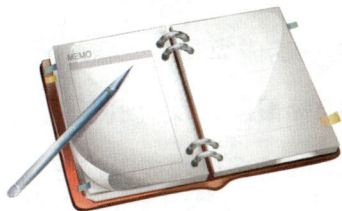

建议反思小日记的内容

1. 写出自己在公益活动中印象深刻或难忘的事情。

2. 写出自己在公益活动中印象深刻或难忘的想法和心情。

3. 写出自己在公益活动中学习到了什么，对自己和身边的人有什么新发现，对自己有哪些影响。

4. 写出自己将怎样把在公益活动中学习到的知识和方法用到今后的公益活动中。

5. 可以把自己的所思所想讲给爸爸妈妈或好朋友听，和他们一起分享，还可以听听他们怎么说哦。

宫小亦的公益日记

我是宫小亦，
公益之旅的暂时结束
意味着新的开始哦
——活动总结

对活动做总结和展示，会让我们的活动更有生命力和影响力哦

×××年××月××日   星期五   晴

    今天是新学期开学的第一个星期五，也是我们把自己的"时装"展示给老师、同学的日子，真的很值得纪念。根据之前大家商量的结果，我们小组决定采用小型"时装秀"的形式给大家展示我们的小组成果。

    下午3点，学校的老师、同学都聚在操场上，参加同学们的假期校外公益活动总结会。所有小组都带着自己的成果向大家展示：有的用影像，有的用图片或文字，还有的用情景剧。我们组的雨涵和子皓代表大家进行现场展示，看着他们穿着报纸做成的公主裙和小西服，我们都觉得他们更美、更帅了。后来，我们的德育老师张老师说，看到我们交上来的一件件"变废为宝"的作品，她真的很高兴，看得出来大家都用心去发现，也尽力去做了，像易拉罐储物罐、贝壳台灯还有报纸时装等，很多作品都非常有创意，她之前完全没有想到，这些小物件可以有这么大的用途！坐在台下的我们都很开心，很满足，我们真的很棒！

小雨的妈妈作为我们的家长顾问，也在我们小组展示后对老师和同学们说了一番话，她说："感受最深的就是小雨在这次活动中的变化，小雨变得很有节约意识了，很多时候他都会提醒我不用电器的时候一定要记得关掉电源，这样可以节省电；我这做妈妈的也得向孩子们多学习。小雨也没有那么任性了，会为家人着想，会很有礼貌地表达自己的不同意见，甚至会经常帮爸爸妈妈做家务活，每天晚上睡觉前也会记得跟家人道一声'晚安'。"……我想，我的爸爸妈妈是不是也感受到我的进步了呢？他们一定也会很开心地看到我的成长吧！

最后，王校长为这次活动中的优秀小组颁了奖，我们的"无敌铠甲"小组很荣幸地成为其中的一员。从王校长手中接过的奖状金灿灿的，在灿烂阳光的照耀下显得更加光彩夺目！虽然它只是薄薄一纸奖状，可是落在我们心里却沉甸甸的：这是对我们的肯定，也是对我们的期待——我们一定要做得更好！

记得当时我转过头看了看身边的小雨、萌萌、雨强、子皓，他们也和我一样，露出了灿烂和快乐的笑容。在这笑容背后，我也看到了一种坚定！我们都是如此。

"无敌铠甲"一定会更棒！这是我们自信的口号！

宫小亦小组
活动总结

一、活动人员

（一）组长及组员

组长：宫小亦

组员：小雨　萌萌　子皓　雨涵

（二）家长顾问及外援

围裙妈妈　大宫爸爸　小雨妈妈

二、活动方案的实施概况

宫小亦同小雨、萌萌、子皓、雨涵一起，组成小组，通过团队合作的方式，共同讨论、合作，将废弃的纸张制作成美丽的衣服，并在家长的帮助下展示了自己的成果。

三、活动中遇到的困难和解决方法

（一）困难

活动中有些成员不小心将制作衣服用的纸张剪坏了，因而活动中出现了不愉快的情况。

（二）解决方法

①用小组约定中的"不指责"，提醒小组成员遵守大家共同的约定。

②尽量相互理解特别是理解出错成员难受和内疚的心情。

③大家积极想办法，共同解决已经出现的问题，如将剪坏的部分修改成其他款式衣服的领子。

四、活动中的收获、发现和感言

宫小亦：以"积极、乐观、坚韧和希望"，讨论解决困难的办法，相信"办法要比困难多"。

　　小雨：在小组活动中，我收获到伙伴对我的支持，我更加负责任了。另外，为他人着想很重要。

　　雨涵：小伙伴在一起有时会有想法不一样的时候，大家及时沟通，一起合作才能把计划的事情做好。

　　萌萌：每个人都为小组着想，都为别人考虑，事情就好办多了。希望大家都对身边的人充满爱。

　　子皓：大家能够取长补短，耐心听他人的想法，就容易沟通合作，做好自己才可能影响别人。

五、活动成果

　　小组成员收获了学校、家长和社区的认可和奖励，更收获了沟通与合作、负责与关爱的经验。

六、新的活动想法和简要计划

（一）新的活动想法

　　将来我们可以通过自己的行动去影响更多人加入我们，一起废物利用、节能环保！人类要和自然和谐相处！

（二）简要计划

　　活动主题：节能环保。

　　活动意义：通过活动让社区居民知道节能环保并能够积极行动。

　　活动时间及地点：暑假期间，居住的社区。

　　活动步骤：准备、实施、总结。

　　活动注意事项：安全、沟通等。

宫小亦小组活动效果评估表

小组名称：无敌铠甲	公益活动主题：变废为宝	
公益活动的目标是否达到？	是√	否
公益活动的实施步骤是否完成？	是√	否

公益活动实施中，出现了什么问题？
① 小组成员出现争吵；
② 如何制订详细、具体的计划。

对公益活动实施中遇到的问题，可以采取什么办法解决？
1. 对于争吵
   ① 要形成小组成员共同遵守的约定，并且说到做到；
   ② 要学会理解别人的想法，进行换位思考；
   ③ 要学会商量，而不是总是坚持自己的想法。
2. 关于制订计划
   ① 大家一起商量，有共同想法时，记录下来；
   ② 认真学习制订计划的知识，如学习这本手册中的经验或查找相关的知识信息；
   ③ 请父母或老师提建议。

对本次小组的公益活动进行总结
1. 点赞的
   ① 出现组员争吵时能及时想出解决办法；
   ② 大家都很有行动力；
   ③ 能够找到家长顾问帮忙。
2. 需要改进的
   ① 更好地制订活动计划；
   ② 及时记录活动中的想法和做法。
3. 我们的希望
   希望今后有更多的小伙伴加入公益活动，大家一起做有意义、有利于大家和社会的事情。

做活动总结的行动要点

1. 小组长要督促文书及组员做好活动的图片和文字记录。

2. 活动总结可以是一项大家共同的展示活动。因此，小组要讨论出具体的计划及分工，例如，活动总结包括整理文字与图片、制作展示成果、组织展示等几个部分，每个部分由谁负责或完成，要邀请哪些家长协助，需要花费的时间等都需要计划好、分好工。

3. 若在总结过程中遇到临时出现的问题，小组长要及时召集大家沟通并解决。

4. 最后，小组长做好活动总结的整理，大家共同实施。

请特别关注哦！

宫小亦与你分享

活动总结和展示益处多

1. 活动总结既是对活动的总体回顾，也是向更多的人展示活动成果。

2. 活动总结能够帮助大家找到下一个活动主题。

3. 各种形式的展示促进了小组间的相互了解、相互学习，也促进了有类似想法的小组团结在一起共同活动，共同进步。

因此，要做好活动总结的准备和安排，把好的经验与同学、老师、家长和社区居民一起分享，倡导大家互帮互助，一起做公益哦

行动时，一定要参考"加油站"中"信息和工具包2-4"的内容哦

看完宫小亦和他的小伙伴的日记故事，请在下面的空白处写出令你印象深刻的是什么。

看完宫小亦与你的分享，请在下面的空白处写出你有哪些收获。

看完宫小亦与你的分享，请在下面的空白处写出你有哪些新的想法。

信息和工具包 2-4

里面有一些公益活动总结阶段的参考工具。

（一）小组活动总结参考

请参考宫小亦的小组活动总结，使用以下空白表，完成自己小组的活动总结和活动效果评估。

_____ 小组
活动总结

一、活动人员

（一）组长及组员

（二）家长顾问及外援

二、活动方案的实施概况

三、活动中遇到的困难和解决方法

四、活动中的收获、发现和感言

五、活动成果（请附上活动照片或图片）

六、新的活动想法和简要计划

（二）小组活动效果评估表（小组使用）

小组名称：	公益活动主题：	
公益活动的目标是否达到？	是	否
公益活动的实施步骤是否完成？	是	否
公益活动实施中，出现了什么问题？		
对公益活动实施中出现的问题，可以采取什么办法解决？		
对本次小组的公益活动进行总结 1. 点赞的 2. 需要改进的 3. 我们的希望		

第三章

中高年级学生篇

宫小亦 简介

姓名：宫小亦

爸爸：大宫爸爸

妈妈：围裙妈妈

年级：小学四年级

属相：猪

星座：射手座

喜欢的作品人物：马小跳、钢铁侠

优点：热情、聪明、勇敢、行动力强

不足：有些情绪化、不善于计划

最难忘的事：坚持三年参与社区公益活动，感觉自己不断成长

宫小亦其人

宫小亦的公益故事与分享

我是宫小亦，现在，
一起走进我的公益之旅吧
——活动准备

正式开始活动前，我们都做了些什么呢

这次假期和以往有些不同，我们多了一项假期课外公益实践——学做"爱心小使者"：老师希望同学们以"关心他人"为主题，自由分组，完成一项课外爱心公益活动。

在之前的公益教育课程中，我和我的伙伴们通过讨论和活动的形式学到了不少关于公益的知识和方法，现在我们对这次活动充满了期待：家庭、学校、社区和社会对我们都非常重要，我们需要它们，同时它们也需要我们。能够帮助别人，与伙伴们一起成长，是一件令自己无比满足和幸福的事情。

于是我想从自己的身边做起，帮助身边那些需要帮助的人。

我的想法得到了好朋友小雨、萌萌、雨涵和子皓的支持。恰好几个小朋友又都住在一个小区里，所以我们决定形成一个"爱心小使者"小组，帮助身边需要帮助的人。

可是，都有哪些人需要帮助呢？我们都能做些什么呢？小雨说："爸爸妈妈的工作都很忙很累，我们可以帮他们做些简单的家务，比如擦桌子、拖地。"萌萌、雨涵都是家里的小公主，平时总是受到爸爸妈妈无微不至的关心和照顾，听到小雨的想法有点犹豫，觉得自己好像没有什么可以做的，还认为爸爸妈妈应该照顾她们。我鼓励她们说："尝试做点我们力所能及的事情，爸爸妈妈一定会很开心的，我们都长大了，不是吗？""嗯，是，有一次我听到妈妈下班后做饭的时候说，'要是有人已经帮我做好其他的家务该有多好啊'。我想，我们可以帮妈妈收拾屋子的。"子皓说。雨涵也说："爸爸妈妈每天下班后都很累了，我们能够帮他们捶捶背、揉揉肩，他们一定会很高兴，也会很欣慰。"萌萌、雨涵听大家这样说，也若有所思地点点头。于是，大家决定每天做完作业后主动去帮爸爸妈妈做家务，也可以帮他们捶背、揉肩，帮助他们缓解一天的劳累。

那除了帮助自己的父母，还能帮助哪些人呢？我提到小区里有一些一年级的小同学，比如自己的小邻居，还不是很习惯学校的生活，对学校的一些环境，比如少先队辅导员的办公室等还不熟悉。大家可以一起帮一帮这些小同学。于是，大家七嘴八舌地讨论，认为这个想法很不错，有些小同学还不知道怎样学习，大家可以通过分享或辅导等方式，帮助他们尽快适应、习惯小学的学习生活。小雨说自己可以联系社区主管活动室的张爷爷，请他把空闲的小办公室借来当作辅导活动的小基地；萌萌和子皓说自己可以请班里成绩好的同学加入，也可以帮助小同学一起解决学习上的难题；雨涵则说，自己可以请曾经当过中学老师的爷爷，这样使得辅导小组不仅"人才济济"，还有强大的后援呢。

商量好了这些，大家都很兴奋，一个充满爱心和价值的活动马上就要诞生了！那么小组怎么分工呢？我建议大家能够按照自己的特点、爱好选择角色：小雨人缘很好，于是大家一致同意让他做"宣传家"，帮助大家进行宣传和联系外部资源；随后，很有想法和创意的子皓成为"智多星"；总是细致、认真、做事周到的萌萌来做"大管家"，喜欢拍照、摄影的雨涵是负责记录小组的活动过程的"大文书"；我则是负责组织和协调整项活动的"小组长"。

完成了角色分工，接下来就要给自己的小组起一个响亮的名字。因为大家都是"爱心小使者"，希望给需要帮助的人送去暖暖的爱心，所以就为小组起名为"暖暖爱心小使者"小组。"智多星"子皓也提议，可以给小组的几个活动起个响亮的名字，于是大家经过"头脑风暴"，认为帮助爸爸妈妈的活动可以叫作"暖暖爱家庭"，帮小同学适应环境和学习的活动可以叫作"手拉手不孤单"，帮我们的小区清洁卫生的活动可以叫作"我爱我的家园"，这样既突出了活动的主题，也体现出了大家希望通过活动达到的目的。随后，大家也讨论了几条保证活动顺利进行的"小组活动规范"，比如守时、集体讨论决定、包容、不指责等。

最后，根据大家讨论的结果，作为小组长的我整理出了活动计划和小组活动规范。

一、活动名称

暖暖爱心小使者

二、活动目标

通过小组成员对父母、小同学和社区居民进行的爱心活动，让父母感到我们长大了和我们对他们的爱；让小同学感到支持与温暖；让我们和大家一起增强社区责任感和环保意识。

三、活动时间和地点

（一）活动时间：2016年6—7月

（二）活动地点：家庭、学校和社区

四、活动步骤

（一）活动准备

"暖暖爱心小使者"小组活动计划

活动主题：暖暖爱心

步骤	内容	方式或方法	所需的资源	注意事项
1	思考并选择帮助爸爸妈妈做力所能及的事情	个人自主活动，记录自己的活动	做家务需要的工具	自己做，避免家人替代做
2	① 了解小同学的需要并熟悉其学校及周边的环境 ② 准备要与小同学分享的学习经验，并选择自己擅长的课业，准备为小同学做辅导	带领小同学，分组交流	笔记本、笔	安全、友好
3	① 走访所住的小区，发现需要清理小广告的地点 ② 选择小区内白色垃圾较多的区域	小组行动	清洁工具	小组合作

小组成员分工表

小组长：宫小亦
小组成员：小雨、萌萌、子皓、雨涵

小组长：宫小亦	负责联系、协调、组织组员一起行动；与社区工作者保持联系。
智多星：子皓	负责收集信息，集中小组成员的新点子和创意。
宣传家：小雨	负责组织小组成员确定活动宣传的内容和形式（如到居民家庭中宣传，拉条幅，建立QQ群、微信群等）；对外联系并寻找各类社会资源。
大文书：雨涵	负责组织小组活动整个过程的记录工作，如小组口号、小组计划、小组成员的收获等。
大管家：萌萌	负责保管、分发本小组的活动物品等。

说明：
① 每个成员都是小组的一分子，在小组中都要有所担当；
② 每个不同的角色，由小组成员根据组员的特长和意愿，选举产生；
③ 不同的角色负责组织相对应的事务，具体事情需要组员一起完成；
④ 小组成员团结协作，就会形成很棒的小组计划，而且有可能成功地开展。

（二）活动实施

活动主题：暖暖爱心

步骤	内容	方式或方法	所需的资源	注意事项
1	我爱我的家，帮助爸爸妈妈做力所能及的事情，如扫地、拖地、洗碗、收拾屋子等	个人自主活动，记录自己的活动	做家务需要的工具	自己做，避免家人替代做
2	①引导小同学参观、走访学校环境及周边环境 ②学习经验分享与课业辅导	带领小同学，分组交流	笔记本、笔	安全、友好
3	①清除小区内到处可见的小广告 ②捡拾小区内的白色垃圾	小组行动	清洁工具	小组合作

（三）活动总结

1. 收获与分享

　　每个人用文字、绘画或图片的方式分享自己的收获。

2. 总结与反思

（1）活动中印象深刻的

（2）活动中的心情

（3）活动之后新的想法

（4）活动之后新的做法

五、活动注意事项

活动中小组成员要注意安全，良好沟通，积极找寻身边的资源。

"暖暖爱心小使者" 小组活动规范

　　为了保证"暖暖爱心小使者"活动计划中的内容顺利进行，大家经过集体讨论，形成以下几点共同的约定，要说到做到！

① 遵守时间安排，不迟到，不早退；
② 遇到有争议的问题，小组成员要集体讨论决定；
③ 小组成员之间要互相包容，不指责；
④ 小组成员在分工活动的同时要积极沟通合作；
⑤ 出现问题要及时反思，想一想为什么会这样，大家一起找到更有帮助的办法；
⑥ 大家集体面对困难与疑问，积极想办法；
⑦ 共同分享成果与荣誉。

小组成员签名

宫小亦　　小雨

　　　萌萌　　　子皓　　　雨涵

和小伙伴一起讨论时，先要学会"听"

1. 仔细听小伙伴讲话的内容；
2. 有自己的想法时，不要随意打断别人说话；
3. 自己和别人的想法不一样时，不要说别人的想法不好，可以询问对方想法不一样的原因；
4. 比较不同的想法，找到大家想法的共同点，或者将大家想法中的可取之处整合在一起，取长补短。

1. 小组里的角色没有大小、优劣之分，每个角色都发挥着不同的作用，小组长的角色需要更强的担当意识和组织、协调能力；
2. 小组长的产生，可以毛遂自荐，也可以民主推选，但重要的是得到小组成员的认可和支持；
3. 小组的名字和口号并不是由小组长说了算的，需要由小组成员商讨形成，要体现大家共同的想法和意愿。

请特别关注哦！

宫小亦与你分享

与你的小伙伴一起组建小组

1. 应用学到的知识、方法和自己现有的资源，一起交流讨论；
2. 明确想做的事情、能做的事情和怎么去做，集思广益，效果才能更好哦；
3. 开动脑筋，明确主题；
4. 围绕主题，搜寻资料；
5. 群策群力，梳理想法；
6. 结合想法和资料，讨论计划的框架和内容；
7. 聚焦主题，制订具体、详细的计划；
8. 协商制定共同遵守的小组规范，以保证活动顺利开展。

小伙伴有了共同的想法后

1. 可以根据自己的性格和特长选择角色：小组长、智多星、宣传家等；
2. 接着给小组定个有意义的名字和口号，能够代表小组成员追求的精神或理念；
3. 分工合作可以大大提高行动效率，名字和口号让大家更有凝聚力。

准备阶段要记得寻找周围可以利用的资源，并和家长多交流

1. 人力资源（家长顾问、老师、朋友、同学和社区居民）；
2. 物力资源（活动场所、活动物资等）。
重要的是要把大家的想法形成正式、具体的活动计划，并形成活动规范。

行动时，一定要参考"加油站"中"信息和工具包3-1"的内容哦

看完宫小亦和他的小伙伴的这段故事，请在下面的空白处写出令你印象深刻的是什么。

看完宫小亦与你的分享，请在下面的空白处写出你有哪些收获。

看完宫小亦与你的分享，请在下面的空白处写出你有哪些新的想法。

加油站——为你开展公益活动提供帮助的资源站

信息和工具包 3-1

里面有一些公益活动准备阶段的信息、活动计划等表格工具。

☆同学们可以直接使用 ☆同学们可以参考使用 ☆同学们可以创新工具

（一）小组成员各角色负责的事情

☆ 小组长：负责联系、协调、组织组员一起行动，检查小组的活动进展及计划的实施情况，与社区工作者保持联系。

☆ 智多星：负责收集信息，集中小组成员的新点子和创意。

☆ 宣传家：负责组织小组成员确定活动宣传的内容和形式（如到居民家庭中宣传，拉条幅，建立QQ群、微信群等）；对外联系并寻求各类社会资源。

☆ 大文书：负责小组活动整个过程的记录工作，如小组口号、小组计划、活动照片、小组成员的感想与收获、总结与反思等的记录。

☆ 大管家：负责保管、分发本小组的活动物品等。

特别说明

1. 每个小组成员胜任不同的角色，可以先选择适合自己特点和特长的角色；

2. 遇到大家都想选的角色，大家要好好商量或一起投票选出合适的人选；

3. 在以后其他主题的活动中，大家可以尝试不同的新角色。

小组成员在活动中有不同的角色，角色的分工与合作很重要！更重要的是，大家共同的角色是公益活动的行动者和倡导者！

（二）小组活动规范示例

小组活动规范是小组成员在一起，经过集体沟通、讨论以后，形成的大家共同认可的、小组内部的行为规则和方式。这些行为规则和方式主要帮助并促进小组成员有序、顺利地实施小组计划，开展活动。

小组活动规范

小组活动规范是小组成员经过集体沟通、讨论以后，形成的大家共同认可的、小组内部的行为方式和规则，帮助小组有序、顺利地实施计划，开展活动。

① _____

② _____

③ _____

④ _____

⑤ _____

⑥ _____

⑦ _____

⑧ _____

⑨ _____

小组成员签名

（三）小组活动计划格式参考

小组
活动计划

☆ 小组名称：

☆ 小 组 长：

☆ 小组成员：

一、活动计划名称

要求：简单明了地写出活动计划，突出活动主题，如"×××活动计划"。

二、活动目标和意义

要求：活动目标是活动想要实现的具体结果；活动意义主要体现的是活动的价值。

三、活动时间和地点

要求：详细写出活动时间和地点，并明确写出场地、时间等方面的安排。

四、活动步骤

要求：这是活动计划的重点，表达要具体、详细、清楚；不局限于文字表达，可以运用图表等形式。

活动步骤主要包括以下三个方面。

（一）活动准备

活动准备包括确定活动的步骤、内容、方式或方法、所需的资源、注意事项等。

小组成员分工表

组　　名：
小组成员：

小组长	负责联系、协调、组织组员一起行动；检查小组的活动进展及方案的实施情况；与社区工作者保持联系。
智多星	负责收集信息，集中小组成员的新点子和创意。
宣传家	负责组织小组成员确定活动宣传的内容和形式（如到居民家庭中宣传，拉条幅，建立QQ群、微信群等）；对外联系并寻求各类社会资源。
大文书	负责小组活动整个过程的记录工作，如小组口号、小组计划、活动照片、小组成员的感想与收获、总结与反思等的记录。
大管家	负责保管、分发本小组的活动物品等。

说明：
① 每个成员都是小组的一分子，在小组中都要有所担当；
② 每个不同的角色，由小组成员根据组员的特长和意愿，选举产生；
③ 不同的角色负责组织相对应的事务，具体事情需要组一起完成；
④ 小组成员团结协作，就会形成很棒的小组计划，而且有可能成功地开展。

（二）活动实施

活动实施包括活动实施的具体步骤、内容、方式或方法、所需的资源和注意事项等。

活动主题：				
步骤	内容	方式或方法	所需的资源	注意事项

（三）活动总结

活动总结包括对活动过程及收获的分享与建议，对活动内容及形式的总结与反思等。

1. 收获与分享

2. 总结与反思

（1）活动中印象深刻的

（2）活动中的心情

（3）活动之后新的想法

（4）活动之后新的做法

五、活动注意事项

要求：活动注意事项包括活动中的安全、成员沟通、小组成员觉得需要注意的方面等。

想一想，写下来

如果你要和同学或小伙伴一起做公益活动，你们会做什么主题的活动？

在活动之前，你和同学或小伙伴要做哪些准备？

请和同学或小伙伴一起讨论后，阅读并参考信息和工具包3-1，设计出你们的活动计划和小组规范。

（四）各小组创新的小组活动计划和规范

1. 小组活动计划

2. 小组活动规范

宫小亦的公益故事与分享

我是宫小亦，
继续走进我的公益之旅吧
——活动实施

开始行动了，想知道我们做了些什么吗

按照详细的活动计划，"暖暖爱心小使者"的成员就开始行动了……每个小组员每天都在家里帮助父母做着家务。雨涵的相机里留下了不同的记录：小雨很用心地擦桌子，而且把桌上的东西摆得井井有条；子皓不仅帮爸爸妈妈捶背按摩，而且给爸爸妈妈讲一些发生在学校里有趣的事情，一家人很幸福甜蜜；从来不做家务的雨涵帮爸爸妈妈端来了洗脚水，让他们泡泡脚，缓解一天的疲劳，刚开始的时候，一家人都还不太习惯；我在爸爸妈妈上班的时候，把家里收拾得整洁、干净，和之前的调皮表现完全不一样。

"暖暖爱家庭"的活动很顺利地进行着，"手拉手不孤单"活动也要提上日程了。可是我们却面临一个不小的挑战：一些小同学不乐意跟我们一起活动，有些家长也不放心。这可难住了我们，于是"暖暖爱心小使者"临时加开了一次全体会议。大家讨论后认为，小同学之所以对这项活动反应不积极，是因为他们对这项活动并不完全了解，也不是很信任"暖暖爱心小使者"，尤其很多家长也不放心孩子们的安全。于是，大家决定可以挨家挨户向小同学介绍这项活动，并且邀请了社区的"巡逻员"王爷爷跟大家一起行动，这样可以保证大家的安全。终于，在宣传家小雨的带领下，"暖暖爱心小使者"的成员向这些小同学及他们的家长进行了详细的介绍。听了"暖暖爱心小使者"成员的细致介绍，感受到组员的真诚和热情，一些小同学和他们的家长很愿意参加，他们认为这是很有帮助的活动。"手拉手不孤单"终于成行了，大家都开心地合不拢嘴！

连续好几个下午，"暖暖爱心小使者"的成员们带着这些小同学去学校，耐心、仔细地向他们介绍每个地方的用途和特色——在体育场踢球，用器材健身，在阅览室阅读各自感兴趣的书，最后还组织小同学们根据自己对学校的了解，一起绘制学校环境示意图……通过这些小活动、小实践，小同学对学校各场所的功能和特点都有了切身的认识。之后，小组根据小同学学习上的需求，设计出具体的帮助形式，举行了一次学习经验和方法分享会和三次课业辅导。这样的活动不仅帮助小同学解决了具体学业上的难题，而且帮助他们了解了怎样适应刚开始的学习，并帮助他们掌握了一些学习方法。同时，"暖暖爱心小使者"的成员也觉得通过学当"小老师"，提高了自己的学习能力，而且对学习有了更深的认识。同时，大家还和这些可爱的小同学成了好朋友。"真没想到，和这些小同学在一起还能这样开心！"我与小组成员分享着……

和小伙伴的沟通要点

1. 先要"听"（和小伙伴一起讨论时，先要学会听）。

2. 对没有听明白的内容，可以友好地询问："对不起，刚才你说的那个地方，我没有明白，能再说一遍吗？（能再说得详细一些吗？）"

3. 对和自己想法相似的伙伴，要直接表达出来有共同的想法，如"这方面我和你（大家）的想法是一致的"。

4. 对不一致的想法，不要急于评判，可以先询问："为什么这样想？"然后比较不同的想法，可以将不同的想法优势互补，达成共识。

5. 在讨论不同的想法时，不要对提出想法的伙伴做不好的评论或调侃式的评价，如"你这人太幼稚，怎么只顾自己不管别人呢"。

6. 要欣赏并直接表达出对小伙伴的认可，如"你的想法挺有创意的，你挺为大家着想的，你想得很周到"等。

请特别关注哦！

宫小亦与你分享

小组行动是按计划分工、合作的过程

1. 通过多询问、多观察、多思考，了解帮助对象的真实需要。

2. 及时调整活动计划的内容和方式，灵活执行。

遇到难题时

1. 要收集更多的信息，并聚在一起，以"积极、乐观、坚韧和希望"的心态解决难题。

2. 相信"办法总比困难多"，记得小组活动中还有朋辈资源和家长顾问。

活动中，做事和记录很重要

1. 大家按角色做好自己该做的事。

2. 每个人做好自己的记录，比如拍照、写日记和心得。

3. "大文书"可以用拍照、录像、记录心得等方式，留下宝贵的小组活动和难忘的资料。

行动时，一定要参考"加油站"中"信息和工具包3-2"的内容哦

看完宫小亦和他的小伙伴的这段故事，请在下面的空白处写出令你印象深刻的是什么。

看完宫小亦与你的分享，请在下面的空白处写出你有哪些收获。

看完宫小亦与你的分享，请在下面的空白处写出你有哪些新的想法。

信息和工具包 3-2

里面有一些公益活动实施阶段的信息、参考表格等工具。

（一）"积极、乐观、坚韧和希望"是公益活动成功的重要基石

"积极"使我们有活动成功的信心；"乐观"使我们有实现活动目标的决心和方法；"坚韧"使我们在活动中遇到困难时，能承受压力，克服困难，找到新的想法和办法；"希望"使我们在活动中了解现实并能灵活改进。这四样是公益活动成功的重要基石！

（二）家庭公益活动记录表

家庭公益活动记录表1（孩子填写）

姓名：　　　　　　　　年级：

所在学校：　　　　　　居住社区：

序号	日期	为家长或家庭做的事	心情	对自己的新发现	未来新的想法或行动	家长签字
1						
2						
3						
4						
5						
6						

续表

序号	日期	为家长或家庭做的事	心情	对自己的新发现	未来新的想法或行动	家长签字
7						
8						
9						
10						
11						
12						
13						
14						
15						

家庭公益活动记录表2（家长填写）

1. 在孩子对家庭所做的事情中，请写出令你们印象深刻或难忘的事情。

2. 请记录孩子为家庭做事情时，你们的心情和感受。

3. 请记录这个过程中，你们对孩子、对你们自己和你们关系的新发现。

你们对孩子的新发现：

你们对自己的新发现：

你们对亲子关系的新发现：

4. 请写出你们对孩子、自己和你们关系的新的行动想法。

你们对孩子的新的行动想法：

你们对自己的新的行动想法：

你们对亲子关系的新的行动想法：

（三）社区公益活动记录表

社区公益活动记录表

姓名：　　　　　　　　年级：

所在学校：　　　　　　居住社区：

序号	时间	为社区居民或社区做的事情	心情或感受	对自己的新发现	今后新的想法或行动	社区工作者签字

宫小亦的公益故事与分享

我是宫小亦，
继续走进我的公益之旅吧
——活动反思

在活动过程中，我们收获着什么呢

活动的时间总是很短暂，不知不觉小组的活动已经接近尾声。"暖暖爱心小使者"的每个组员记录着活动，也记录着我们自己的成长……活动之后，大家相约，要进行一次活动分享会，还邀请了两位家长顾问——我的爸爸妈妈。在活动分享会之前，小组的每一个成员都整理了自己丰富的活动记录，还查询了一些资料，商量好用"六顶思考帽"的方法来反思开展的活动。对分享会活动，大家都很重视，因此还设计了分享会的流程和六顶好看的手工纸帽子。等一切就绪，在一个阳光明媚的周六上午，"暖暖爱心小使者"在辅导基地的分享会"盛大"举行。

分享会那天，作为组长的我首先对整个"暖暖爱心小使者"的活动做了总结，我认真地说："总的来说，活动挺成功，大家分互

合作，尤其是遇到困难后积极想办法的行动历历在目，我体会到集体的力量，这是很好的开端……"我的一席话，赢得了组员和爸爸妈妈热烈的掌声。之后，大家一起做了"爱的鼓励"的拍手活动，每个小组成员依次戴着六种颜色不同的帽子和大家分享。

当雨强戴上红色的帽子时，她说："为爸爸妈妈做些小事，自己感到很开心，因为之前从来没有想到他们会因此笑容灿烂，他们觉得这些'小事'具有重大的意义。"萌萌听后也点点头，说："我也有这样的体会，没想到小事情有大意义，我很开心而且觉得自己长大了。"子皓戴上黄色的帽子说："我觉得这次活动比较成功。我们在想帮助一年级小同学又帮不到时，没有轻易放弃，我们找到了可行的办法，去面对面地宣传，和有这样需要的小同学沟通，而且在后来的学习帮助中，我们先了解他们的想法，我认为这是很重要的。"小雨戴上黑色的帽子说："我们的活动计划还有不足，比如我们总以为别人的想法和我们一样，所以才碰到了意想不到的困难，那时我真挺沮丧的，就像一团热火被突然泼上了一大盆冰水。"大家戴着彩色的帽子不停地分享、反思着，两位家长顾问听着，也会心地点着头，脸上流露出对孩子的欣赏和肯定。

在分享会后，我整理了自己的活动感触和收获——我在日记里写道："我们的这次活动得到了父母、同学以及爷爷奶奶们的大力支持。他们给我们很多有价值的建议和帮助，帮我们处理了很多难题；可是如果在活动之前，我们对家长和小朋友的需求有更深入的了解，活动会更有意义和价值；在活动过程中要更多地依靠自己的能力去解决问题，不能常常去寻求父母的帮助；在以后做类似的活动时，可以尝试制订一个更加全面的方案，增加活动时间和帮助人群，动员更多的人加入献爱心的行列中来。有时候，我们也会起争执，但是知道大家都是为了把这个事情做好，所以大家都能互相理解，好好交流找到最好的解决方式就没有问题了；有时候我也会不耐烦，尤其是遇到一些很琐碎的事情的时候，可是，是我把大家召集起来做这项活动的，我怎么能这么不负责任，先打退堂鼓呢？以前我觉得很多事情是理所应当的，爸爸妈妈对我们好也是应该的，可当自己真正去帮他们做家务的时候，却深深地体会到每件事情都不容易，每件事情都需要精力和耐心。'手拉手不孤单'是个新颖也很有意义的活动，现在我们已经取得了一些成效，今后，我们还可以把这个活动拓展，让我们的手去拉拉福利院的小朋友，陪伴帮助他们。"

反思前要整理好以往的活动记录，和大家一起反思，才会让自己的思维更开阔，感受更丰富

小组反思之前，大家可以收集一些关于反思活动和方法的资料，然后讨论设计反思活动，包括内容、步骤、方法及物资准备

反思后，可以用反思或成长日记等方式总结自己的收获，并将新的想法付诸行动哦

行动时，一定要参考"加油站"中"信息和工具包3-3"的内容哦

请特别关注哦！

宫小亦与你分享

看完宫小亦和他的小伙伴的这段故事，请在下面的空白处写出令你印象深刻的是什么。

看完宫小亦与你的分享，请在下面的空白处写出你有哪些收获。

看完宫小亦与你的分享，请在下面的空白处写出你有哪些新的想法。

信息和工具包 3-3

> 反思能够帮助我们更好地成长！

反思是一个人对自身活动的注意和知觉的能力。通过我们对公益活动的反思，我们会看到自己公益意识、思考能力的变化，我们会发现自己助人、利他情感的发生和发展，我们更会发现自己的公益行动从无到有、由少到多的轨迹，这是我们生命中重要的成长，因为这意味着我们向有价值、更幸福的人生迈进。

（一）用鱼骨图反思活动

活动名称：“暖暖爱心小使者”的鱼骨图。

活动目的：学习用鱼骨图分析活动经验以及解决的方案。

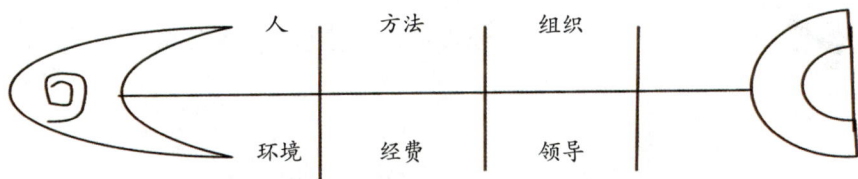

活动步骤：

① 小组成员分得一张较大的白纸，并在上面画出如上图所示的鱼骨图。

② 小组成员确定要分析的问题，如如何使活动更有成效。

针对鱼骨图上的几个方面进行分析：

我们已经具备了哪些条件？

我们还可以有哪些新的行动以获得更多支持？

（二）用"六顶思考帽"反思活动

活动名称："暖暖爱心小使者"的六顶思考帽。

活动目的：学习从六种水平检视活动经验并启发今后的活动计划。

活动步骤：

① 小组讨论后确定反思主题，例如，针对"暖暖爱心小使者"的活动经验进行讨论。

② 小组成员六人一组，家长顾问请小组成员选择佩戴不同颜色的思考帽，小组成员根据自己的帽子分享自己的想法。

③ 分享时依照白、红、黄、黑、绿、蓝的次序进行，一轮分享结束后，小组成员可以再选择另外颜色的帽子继续下一轮的分享。

活动注意事项：

每一顶帽子都有不同的颜色，代表着不同的思维方式，当戴上其中一顶时，戴帽子的人就采用相应的思维方式。如果从一顶帽子换到另一顶帽子，小组成员也要从一顶帽子代表的思维方式转换到另一顶帽子代表的思维方式。

六种颜色的思考帽介绍：

白色思考帽：客观地收集资料、寻找事实。

分享的提问：我们已经获得哪些信息？大家还需要了解什么？

红色思考帽：抒发情感和感受。

分享的提问：我在活动中的感受如何？我喜欢什么？我不喜欢什么？

黄色思考帽：只看优点，不看缺点和坏处。

分享的提问：我们的优势有哪些？我们的活动成功在哪里？

黑色思考帽：看到不足和面临的困难、风险。

分享的提问：我们活动的缺点是什么？我们面临的阻碍与失败的风险有哪些？

绿色思考帽：创新观念与行动，寻求冒险与刺激。

分享的提问：我们的活动还能继续创新什么？还有什么新点子吗？

蓝色思考帽：系统整理。

分享的提问：我们到目前为止做了什么？下一步该怎么做？

宫小亦的公益故事与分享

我是宫小亦，
公益之旅的暂时结束
意味着新的开始哦
——活动总结

在活动的最后环节，还想了解有哪些有趣的事情吗

假期结束后的新学期里，学校要对同学们开展的各类公益实践活动进行展示与总结。我们也要在全校师生面前展示小组的"爱心之旅"。为了能让大家更加直观和具体地了解"暖暖爱心小使者"的活动，大家好好商量了一番，对活动的展示做了计划，决定以模拟"影像展"的方式（有具体的图片展示，有照片故事讲解，也有小纪念品派送等）做活动总结的展示。在开学第二周的星期五下午，全校师生都相聚在学校操场，开始了一场令大家期待的总结颁奖大会。各个小组都用不同的方式展示了自己的活动：有的表演情景剧，有的召开小型的介绍会，我们的"影像展"也得到了很多关注。我们用活动的照片摆成了3幅大型的心形展板，并且把一些有特色或者有纪念意义的照片以及大家的活动反思做成书签，当作活动纪念品。身为小组长的我负责引导，雨强和小雨向老师和同学讲述照片所反映的小故事，子皓、萌萌给大家派送小纪念品。各个小组成果展示完毕后，老师、家长和社区代表都对同学们开展的活动给予了高度的认可和赞扬。同学们也纷纷表示：做公益的确是很有意义的事情，充实了自己也帮助了别人，一个有爱的地方总会很温暖！最后，学校对同学们的活动也进行了表彰，我所带领的"暖暖爱心小使者"获得了优秀奖。领奖台上的我们拿着奖状和奖杯，一张张笑脸在阳光的照耀下更加灿烂……咔！这一刻被相机记录下来，永远定格，成为美丽的瞬间！

经过这一系列的活动，"暖暖爱心小使者"在小区里也小有名气。大家都知道我们做的好事。更重要的是，小组的每个成员学会了为他人考虑，知道通过沟通，了解他人的需要，并根据自己的能力，大家分工、合作，一起去助人。我们长大了，也更喜欢笑了，我们说："我们会比以前做得更好！""暖暖爱心小使者"还在继续着我们的公益活动，帮爸爸妈妈做家务和帮助周围的小同学，我们还计划帮助身边更多的人。下一步，我们为如何帮助福利院的小朋友构思着，而且我们想动员更多的同学参加这项活动。这可是一项不小的活动，"暖暖爱心小使者"已经为设计活动计划又忙碌起来……我的爸爸妈妈很开心，他们说，现在我已经长大了，还能带动他们一起做公益活动。在我身上，他们看到了乐观、自信、坚持等品质，也看到我能力的增强，这是在公益活动中的成长！

我和我的伙伴们又开始了新的学习生活，我们那充满爱与公益意识的心陪伴我们，一起走向更加美好的未来！

一、活动人员

（一）组长及组员

组长：宫小亦

组员：小雨　萌萌　子皓　雨涵

（二）家长顾问及外援

围裙妈妈　大宫爸爸

二、活动方案的实施概况

宫小亦同小雨、萌萌、子皓、雨涵一起，组成"暖暖爱心小使者"小组，通过团队合作的方式，共同讨论、商量、合作，在社区开展助人活动。

三、活动中遇到的困难和解决方法

困难：一些小同学不乐意跟我们一起活动，有些家长也不放心。

解决方法：大家决定挨家挨户向小同学介绍这项活动，并且邀请了社区的"巡逻员"王爷爷跟大家一起行动。

四、活动中的收获、发现和感言

宫小亦：这次活动得到了父母、同学以及爷爷奶奶的大力支持，他们给我们很多有价值的建议和帮助，帮我们处理了很多难题；如果在活动之前我们对家长和小朋友的需求有更深入的了解，活动会更有意义和价值。

萌萌：大家一起行动，做一些有意义的事情，真是让人感到很快乐；不过，在行动中，我们也要学会相互理解，为他人着想。

五、活动成果（配上活动的照片等）

小组的每个成员都学会了为他人考虑，知道通过沟通，了解他人的需要，并根据自己的能力，大家分工合作，一起去助人。

六、新的活动想法和简要计划

（一）新的活动想法

今后我们可以通过自己的行动影响更多的人加入我们，一起关注社区中更多需要帮助的人，比如高龄老人或外来务工人员的孩子。

（二）简要计划

活动主题：爱心传递，温情社区。

活动意义：通过活动让更多的社区居民关注并关爱社区中需要帮助的人，比如高龄老人或外来务工人员的孩子。

活动时间及地点：暑假和寒假期间，居住的社区。

活动步骤：准备、实施、总结。

活动注意事项：安全、沟通等。

官小亦小组活动效果评估表

小组名称：暖暖爱心小使者	公益活动主题：暖暖爱心	
公益活动的目标是否达到？	是√	否
公益活动的实施步骤是否恰当？	是√	否

公益活动实施中，出现了什么问题？
① 如何寻找需要帮助的小同学；
② 遇到小同学家长不信任的情况，该怎么办。

对公益活动实施中出现的问题，可以采取什么办法解决？
1. 针对如何寻找小同学
　　① 小组成员一起商量办法或请教父母、老师等；
　　② 通过社区工作人员宣传小组的活动，寻找小同学；
　　③ 在小区里进行各种形式的宣传；
　　④ 找到自己认识的小同学，让他们帮忙宣传或介绍小伙伴。
2. 遇到小同学家长不信任的情况
　　① 向家长介绍小组的活动计划和目的；
　　② 请社区工作人员协助证明小组活动的目的；
　　③ 向家长证明小组人员的身份和能力。

对本次小组的公益活动进行总结
1. 点赞的
　　① 大家能够及时沟通、友好合作，遇到问题时一起商量，及时想办法解决；
　　② 大家能够想到身边的一些资源，如场地、长辈和同伴，能够在需要的时候运用起来；
　　③ 大家除了认真计划、用心做事之外，能够做好活动的记录和总结。
2. 需要改进的
　　① 要进一步把学习到的公益知识应用到生活中；
　　② 要学习怎样更好地反思；
　　③ 要更加主动、积极地和社区工作人员沟通，获得他们更多的支持。
3. 我们的希望
　　希望通过自己的实际行动，影响身边更多的人来做公益。

做活动总结的行动要点

1. 小组长要带领大文书及组员做好活动的图文记录。

2. 小组总结对小组来说，可以是一项大家共同的展示型活动，因此，小组要讨论出具体计划及分工，如活动总结包括整理文字与图片、制作展示成果、协调展示等几个部分。每个部分由谁负责或完成，要找到哪些资源，需要花费的时间等也需要计划好。

3. 若在总结过程中遇到临时出现的问题，小组长要及时召集大家，沟通并解决。

4. 最后，小组长做好活动总结的整理，大家共同实施。

请特别关注哦！

宫小亦与你分享

活动总结和回顾益处多

1. 活动总结既是对活动的总体回顾，也向更多的人展示活动成果。

2. 活动回顾还能够帮助大家找到下一个活动主题。

3. 各种形式的展示促进了小组间的相互了解，并促进小组共同设计出更加丰富、更加有延续性的公益活动。

因此，要做好活动总结回顾的安排，以便将好的经验与同学、老师、家长和社区居民一起分享，让需要帮助的人受益，让行动者继续成长。

行动时，一定要参考"加油站"中"信息和工具包3-4"的内容哦

看完宫小亦和他的小伙伴的这段故事，请在下面的空白处写出令你印象深刻的是什么。

看完宫小亦与你的分享，请在下面的空白处写出你有哪些收获。

看完宫小亦与你的分享，请在下面的空白处写出你有哪些新的想法。

信息和工具包 3-4

里面有一些公益活动总结阶段的参考工具。

（一）小组活动总结参考

请参考宫小亦小组活动总结和效果评估表，使用或参考以下空表，完成自己小组的活动总结。

_____小组
活动总结

一、活动人员

（一）组长及组员

（二）家长顾问及外援

二、活动方案的实施概况

三、活动中遇到的困难和解决方法

四、活动中的收获、发现和感言

五、活动成果（请附上活动照片或图片）

六、新的活动想法和简要计划

（二）小组活动效果评估表（小组使用）

小组名称：	公益活动主题：	
公益活动的目标是否达到？	是	否
公益活动的实施步骤是否恰当？	是	否
公益活动实施中，出现了什么问题？		
对公益活动实施中出现的问题，可以采取什么办法解决？		
对本次小组的公益活动进行总结 1. 点赞的 2. 需要改进的 3. 我们的希望		

第四章

学校主导的
公益实践活动案例

第一节　共情受助者
——关爱盲人，关注导盲犬

一、活动背景

随着社会的进步、文明程度的提高，无障碍设施的数量增多了，但无障碍设施的利用效率还有待提高。例如，盲道上种树，给盲人出行带来不便；很多盲道没有换道线，使盲人无法明确道路的走势；盲人过街时提示音响虽能提示通行或者等待，但却不能让盲人明确正在通行的道路方向；手扶电梯上没有上下行的信号指示，给盲人带来不便；某些公交车到站后不播放提示音，使盲人无法明确到站公交是几路车，等等。这些情况都给盲人出行带来不便。城市无障碍设施的设立并不意味着给盲人带来了便利，无障碍设施的使用情况才是重要和关键的环节。只有社会给予盲人真正的关爱，让盲人真正享受到生活的便利，城市生活才会更加美好和谐。

导盲犬作为盲人的生活伴侣，是盲人的眼睛，更是盲人便利出行的一种重要工作犬，可以带领盲人安全地走路，遇到路障和需要拐弯时，会引导主人停下以免发生危险。但社会公众对导盲犬认识不足以及相关法规的缺失，令国内导盲犬"车难乘、门难进"，难以给盲人提供全面帮助。为了让社会公众关爱盲人，关注导盲犬，尽早为盲人提供全面的帮助，使他们出行便利，北京市雷锋小学确定了"关爱盲人，关注导盲犬"的公益教育主题活动。

二、活动目标

（一）总体目标

培养学生的公共意识、社会责任感和对盲人的关爱。

（二）具体目标

让学校的老师和学生更加了解盲人和导盲犬，让学校的老师和学生体会到盲人的需要，从而更加关注、关爱他们。

三、活动时间和地点

（一）活动时间

2015年5月25日—6月5日。

（二）活动地点

北京市雷锋小学。

四、活动准备

（一）活动主题：关爱盲人，关注导盲犬

北京市雷锋小学历来重视学生的公益教育和公共意识的培养，具有很好的公益教育基础。由于人们对盲人生活和导盲犬的认识不足，所以这次活动主题主要是让老师和学生了解盲人生活的不便和了解导盲犬，因此，学校把这次活动主题确定为"关爱盲人，关注导盲犬"。

（二）活动对象

北京市雷锋小学的老师，三、四、五年级的学生。

（三）活动计划

北京市雷锋小学六（1）班
"关爱盲人，关注导盲犬"活动计划

活动目标	关爱盲人，关注导盲犬
行动具体目标	① 让学校的老师和同学们更加了解盲人 ② 让学校的老师和同学们更加了解导盲犬
行动步骤	① 资料收集 ② 问卷调查 ③ 调研结果分析 ④ 活动宣传

北京市雷锋小学六（1）班
"关爱盲人，关注导盲犬"调查问卷

调查问题	调查结果
① 请您用左手捂住自己的眼睛，用右手在纸上写下自己的名字。	
② 看看自己的名字，您有什么感受？	
③ 如果让您做一天盲人，您有什么想法？	
④ 您是怎样看待盲人的？	
⑤ 您认为，盲人出行遇到的最大的几个困难是什么？（除了看不见）	
⑥ 您知道社会对盲人出行提供了什么便利措施吗？	
⑦ 针对盲人出行的困难，您有什么好的建议吗？	
⑧ 您听说过导盲犬吗？	
⑨ 您知道导盲犬是做什么的吗？	
⑩ 如果看见导盲犬和盲人一起出行，您的第一反应是什么？	
⑪ 您认为在中国可以实行导盲犬和盲人一起出行这项建议吗？	

（四）活动分组

第一组：访谈并调查北京市雷锋小学老师；

第二组：调查北京市雷锋小学三、四年级学生；

第三组：调查北京市雷锋小学五年级学生。

五、活动实施

（一）调查

调查小组成员通过访谈和问卷调查相结合的方式，调查了解北京市雷锋小学老师和学生对盲人和导盲犬的了解情况。

第一组的调查对象是北京市雷锋小学老师，他们主要调查学校领导、老师对导盲犬的认知和了解情况。

仅对老师进行调查是不够的，还要对学生对导盲犬的认识进行调查，因此，第二组的任务就是调查北京市雷锋小学三、四年级学生对导盲犬的了解情况。

第三组主要负责对北京市雷锋小学五年级学生对导盲犬的了解认识进行调查。由于一年级学生比较小，还处于适应学校生活的阶段，对导盲犬的认知较少，而六年级的同学忙于小学升初中考试，无暇顾及这些事情，所以在选择样本时，第三组只关注了五年级学生。

（二）体验

调查小组成员通过两种体验方式，让调查对象更深刻地体验盲人生活。一是蒙眼写名字（见图4-1），二是蒙眼走楼梯（见图4-2），让被调查者真切体会到盲人生活的不便，从而引起被调查者对盲人生活的关爱。同时，调查小组成员为了让被调查者了解到导盲犬的作用和价值，让被调查者单独蒙眼走楼梯之后，又让被调查者在同学的搀扶下蒙眼走楼梯（见图4-3）。通过体会两种不同的走楼梯的感受，调查小组成员让被调查者了解导盲犬的作用。

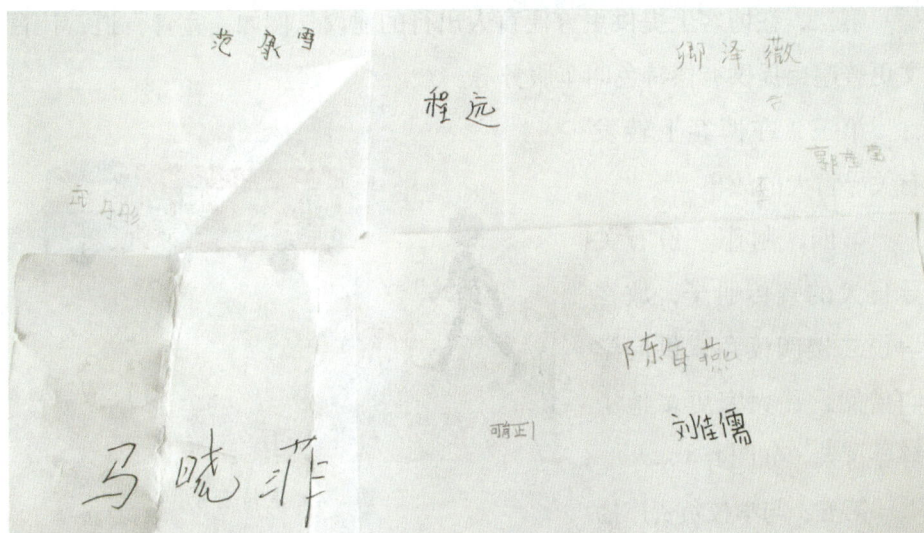

图4-1　体验1——蒙眼写名字

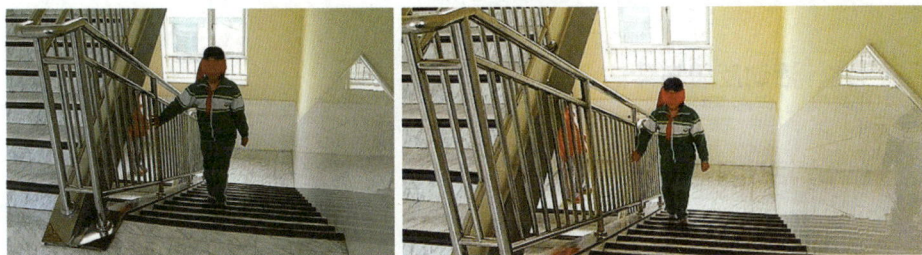

图4-2　体验2——蒙眼走楼梯

图4-3　体验3——在同学的搀扶下蒙眼走楼梯

（三）宣传

第一，通过班级博客，向社会上的人们发出倡议，在设施还不完善的时候，倡议大家在路上看见盲人时一定要帮助他们，哪怕只是一句："我有什么可以帮助您的?"

第二，在博客上提供更方便盲人出行的建议。例如，完善盲道，让盲文更普遍，提供有偿特色叫车服务等。

第三，在博客上转发有关导盲犬的故事。

第四，制作一份有关导盲犬的宣传册子，放在学校二楼阅读角，供同学们借阅，让大家更多地了解导盲犬（如图4-4）。

图4-4　宣传册子

第五，与学校负责广播的同学联系，利用广播时间，介绍导盲犬的故事。

六、活动反思与评估

（一）活动反思

第一组：

我们发现，老师觉得盲人的生活很困难，最大的困难就是出行不方便；老师认为盲道是社会给盲人的帮助；老师觉得不给盲人找麻烦是给盲人最好的帮助；老师觉得盲人生活起来很困难，没有人照顾；老师了解导盲犬，也同意盲人与导盲犬一同出行。

老师对盲人和导盲犬有较深刻的认识。比如，孟老师觉得应该多建一些盲道，多举办一些公益活动，多增加一些志愿者，继续发展社会福利，多训练一些导盲犬。孟老师很支持我们，她说："想让更多的人认识导盲犬，让养狗人进行狗狗训练，还要宣传一些狗狗对人帮助很大的相关知识等。"

最后，孟老师和马老师都说了这样一句话："我们体会到盲人过日子真的很辛苦。"

第二组：

从第一题来看，我觉得大家对自己在捂住眼睛的情况下写的自己的名字很不满意，大家也很不想当盲人，大家对导盲犬的认识很少，大多数人都同意在中国实行盲人与导盲犬一起出行的建议。

第三组：

我们共调查了八人。

① 通过每个人的回答，我了解到大家很乐意帮助盲人；

② 通过每个人的回答，我了解到大家很不愿意当盲人；

③ 大部分的人都提起了盲人走路容易摔倒；

④ 有六人了解盲道，有一人提到了导盲犬，只有一人不太清楚；

⑤ 有四人提出的建议是关于导盲犬的，有四人建议国家和民众关注盲人；

⑥ 所有人都知道导盲犬；

⑦ 每个人都知道导盲犬在盲人的生活中很重要；

⑧ 有七人对导盲犬能帮助盲人而高兴，有一人担心导盲犬会不会起作用；

⑨ 有七人认为盲人与导盲犬一起出行这个建议可以实行，只有一人认为这个建议不可行。

小组成员的感受如下：

① 在访谈老师时，语言组织不够准确，但能表明意思；

② 在访谈同学时，个别同学不知道什么是导盲犬，半天不说话，自己感觉很尴尬；

③ 学会了做事的方法步骤，收获很大；

④ 有些建议不可行，还有待探讨；

⑤ 希望增加盲人福利，全社会都能帮助盲人。

（二）活动评估

北京市雷锋小学六年级（1）班班主任赵京育老师通过一个故事对"关

爱盲人，关注导盲犬"做了寓意深刻的总结。故事如下：

一个盲人带着他的导盲犬过街时，一辆大卡车失去控制，直冲过来，盲人被当场撞死。他的导盲犬为了守卫主人，也一起惨死在车轮底下。

主人和狗一起来到了天堂门前。一个天使拦住了他俩，为难地说："对不起，现在天堂只剩下一个名额，你们两个必须有一个去地狱。"主人一听，连忙问："我的狗又不知道什么是天堂，什么是地狱，能不能让我来决定谁去天堂呢？"天使鄙视地看了这个主人一眼，皱起了眉头，她想了想，说："很抱歉，先生，每一个灵魂都是平等的，你们要通过比赛决定由谁上天堂。"主人失望地问："哦，什么比赛呢？"天使说："这个比赛很简单，就是赛跑，从这里跑到天堂的大门，谁先到达目的地，谁就可以上天堂。不过，你也别担心，因为你已经死了，所以不再是盲人，而且灵魂的速度跟肉体无关，越单纯善良的人速度越快。"主人想了想，同意了。

天使让主人和狗准备好，就宣布赛跑开始。她满心以为主人为了进天堂，会拼命往前奔，谁知道主人一点也不忙，慢吞吞地往前走着。更令天使吃惊的是，那条导盲犬也没有奔跑，它配合着主人的步调在旁边慢慢跟着，一步都不肯离开主人。天使恍然大悟：原来，多年来这条导盲犬已经养成了永远跟着主人行动的习惯，一直在主人的前方守护着他。

可恶的主人，正是利用了这一点，才胸有成竹，稳操胜券，他只要在天堂门口叫他的狗停下，就能轻轻松松赢得比赛。

天使看着这条忠心耿耿的狗，心里很难过，她大声对狗说："你已经为主人献出了生命，现在，你这个主人不再是盲人，你也不用领着他走路了，你快跑进天堂吧！"

可是，无论是主人还是他的狗，都像是没有听到天使的话一样，仍然慢吞吞地往前走，好像在街上散步似的。

果然，离终点还有几步的时候，主人发出一声口令，狗听话地坐下了，天使用鄙视的眼神看着主人。

这时，主人笑了，他扭头对天使说："我终于把我的狗送到天堂了，我最担心的就是它根本不想上天堂，只想跟我在一起……所以我才想帮它决定，请你照顾好它。"

天使愣住了。

主任留恋地看着自己的狗，又说："能够用比赛的方式决定真是太好了，只要再叫它往前走几步，它就可以上天堂了。不过它陪伴了我那么多年，这是我第一次可以用自己的眼睛看着它，所以我忍不住想要慢慢走，多看它一会儿。如果可以的话，我真希望永远看着它走下去。不过天堂到了，那才是它该去的地方，请你照顾好它。"

说完这些话，主人向狗发出了前进的命令，就在狗到达终点的一刹那，主人像一片羽毛似的落向了地狱的方向。他的狗发现了，急忙掉转头，追着主人狂奔。

满心懊悔的天使张开翅膀追过去，想要抓住导盲犬，不过那是世界上最纯洁善良的灵魂，速度远比天堂所有的天使都快。

所以导盲犬又跟主人在一起了，即使是在地狱，导盲犬也永远守护着它的主人。天使久久地站在那里，喃喃说道："我一开始就错了，这两个灵魂是一体的，他们不能分开……"

这个故事叫《放弃天堂的导盲犬》，告诉大家这个故事的目的很简单：

第一，在生活中，我们总会不知不觉地成为故事中的"天使"，以小人之心度君子之腹；

第二，朋友是我们一生中最宝贵的资源之一，我们相遇、相识、相知、相惜，友谊是一种特殊的温暖！

第二节　创建文明城市　我们在行动

一、活动目标

（一）总体目标

通过开展"创建文明城市　我们在行动"活动，使同学们学会在进行义工活动前，制订合理计划，并且把这一项义工活动坚持下去。

（二）具体目标

① 培养同学们进行义工活动前制订计划的习惯。

② 使同学们树立做义工传递爱心、传播文明的意识。

二、活动班级

兰州市七里河区敦煌路小学五年级（3）班。

指导教师：甘彩红。

三、活动时间和地点

（一）活动时间

2016年5月的每个星期五放学以后。

（二）活动地点

学校周边。

四、活动准备

（一）班级讨论"创建文明城市　我们在行动"这一活动

通过讨论，同学们决定去校园周边做一些事情。

（二）分组进行调查

同学们分组了解校园周边环境。

（三）各组汇报调查结果，确定公益活动范围

各组同学对校园周边环境进行了全面的调查了解，发现校园周边环境存在卫生死角（见图4-5），比如，过街天桥上垃圾随处可见，街边花坛里有行人随手丢弃的烟头、塑料袋，路边的标志牌有灰尘，还有随意张贴的

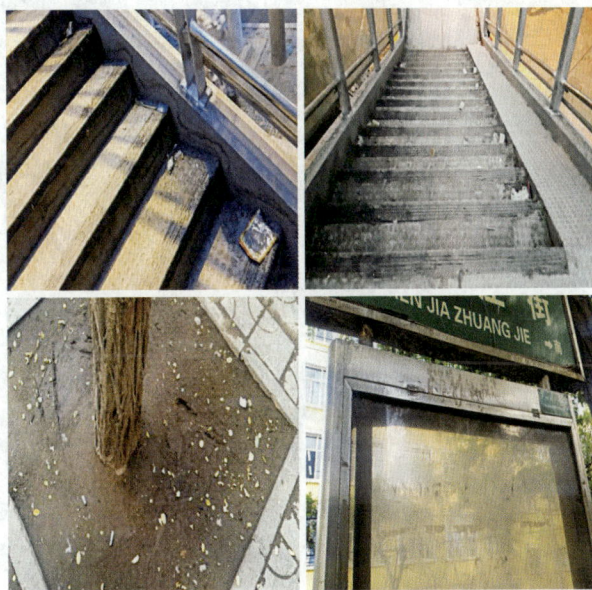

图4-5　校园周边环境的卫生死角

小广告等。同学们决定做义工，打扫校园周边环境，为创建文明卫生的新兰州献一片爱心，出一分力。

（四）制订义工活动计划

① 制作宣传条幅。

② 确定活动范围：对校园周边天桥、小花园、人行道进行卫生清扫，对公共标志牌进行擦洗，每周去一次，按班级分组轮流开展活动。

③ 分组及组员分工。

④ 活动准备。

五、活动实施

（一）星期五下午放学后，同学们以小组为单位到校园周边进行卫生清扫（见图4-6）

图4-6 同学们在进行卫生清扫

（二）进行活动总结，进一步制订长期的义工活动计划

通过此次活动，学校门前的过街天桥焕然一新，同学们的行为得到了认可和一致好评。因为同学们活动前进行了细致的调查了解，并制订了切实可行的义工计划，所以同学们认识到他们人虽小，但是也能够像叔叔阿姨那样做义工，他们也能用自己的双手，让城市变得更美好。他们要把这项义工活动坚持做下去。

六、活动收获

（一）同学们的活动收获

李欣悦：这个星期五，我们班第四组同学参加了一次公益活动，我的感触非常深。现在乱扔垃圾的人非常多，他们只顾着自己方便，却没有体会到清洁工的辛苦。我们不应该随地乱扔果皮纸屑，我们应该做一个文明的人。保护环境，从我做起，从身边的小事做起；保护环境，让我们的家园越来越美丽！

王思丹：参加完这次活动，我明白了不能乱扔垃圾，也知道了清洁工们的辛苦，让我们尊重别人的劳动成果，行动起来保护我们的家园，做一个文明的人，创建一个文明的城市！

白丁溶：这个星期五，我们班做了公益活动，我们虽然很累但十分开心和充实。我相信这次活动能够让同学们知道打扫卫生的不容易，学会珍惜他人的劳动成果，以及养成不乱丢垃圾的习惯。我觉得这次活动既清扫了天桥，又使更多的人懂得了文明，真是一举多得啊！

（二）老师的活动收获

同学们的表现非常棒，通过这次活动，老师看到了同学们对公益活动的热爱，希望同学们将公益之心和公益行动坚持下去，为社会贡献自己的力量。

第三节　我是兰州文化宣传志愿者

一、活动目标

（一）总体目标

通过开展"我是兰州文化宣传志愿者"活动，让同学们在做义工的过程中，体会自己的奉献能够使更多的人了解兰州、热爱兰州，培养积极、高尚的公益精神和家乡归属感。

（二）具体目标

① 通过社会调查，让同学们从不同角度展示家乡的人文美景，让同学们更加了解家乡、热爱家乡。

② 通过这项活动，让同学们在做义工的过程中，体会自己的奉献能够使更多的人了解兰州，从而培养积极的公益精神。

二、活动班级

兰州市七里河区敦煌路小学五年级（2）班。

指导教师：康春晓。

三、活动时间和地点

（一）活动时间

2016年4月11日—15日。

（二）活动地点

① 学校班级内。

② 白塔山公园。

四、活动准备

① 同学们分组调查家乡，收集各类资料。

第一组：收集兰州的历史文化信息。

第二组：收集兰州的主要景点信息。

第三组：收集兰州的特产信息。

第四组：收集兰州的民俗文化信息。

第五组：收集兰州的名人信息。

② 制作宣传单。

③ 制作多媒体课件。

④ 自创三句半。

家乡赞（三句半）

我们四人台上走，锣鼓家伙拿在手，从没说过三句半，献丑。

我们几位走上台，敲锣打鼓说起来，赞颂家乡兰州美，开台。

兰州咱的好家园，古称金城美名传，物产丰富香万里，自豪。

盖高楼，修马路，绿化小区多种树，夜幕降临华灯放，真酷。

顺黄河，到兰州，看看今朝新家乡，水泥街道平坦坦，变样。

夸兰州，唱家乡，西北名城好风光，欢迎您到兰州来，鼓掌。

唱心曲，书华章，少年几个夸家乡，兰州景色美如画，漂亮。

我们四人台上站，一起说段三句半，说得不好多包涵，再见！

⑤自编舞蹈《在那桃花盛开的地方》。

五、活动实施

（一）班级开展"我是兰州文化宣传志愿者"展示课（见图4-7）

图4-7 "我是兰州文化宣传志愿者"展示课

（二）校外实践

同学们在白塔山公园向游人发放自制的兰州文化宣传单（见图4-8和图4-9）。

图4-8　兰州文化宣传单

图4-9　同学们向游人发放宣传单

同学们还在金城关民俗博物馆参观，进一步了解兰州文化（见图4-10）。

图4-10　同学们参观金城关民俗博物馆

111

六、活动收获

（一）同学们的活动收获

在这次"我是兰州文化宣传志愿者"活动中，我明白了在日常生活中，小学生也可以做一名小义工。通过义务宣传，我懂得了我可以为美好兰州的建设贡献自己的力量。

（二）老师的活动收获

在这次"我是兰州文化宣传志愿者"活动中，同学们的义工行动体现了大家服务他人的人生境界。在宣传兰州文化的活动中，同学们让更多的人知道兰州文化，使兰州文化得到了传承。同学们用自己的行动为社会的美好贡献了力量，老师为大家感到骄傲。

第五章

学校—家庭—社区公益实践活动案例
——废旧电池回收利用

北京师范大学中国公益教育研究所经过三年的不断探索、研究，开展和开发了一系列以学校为主导的公益实践活动案例。这些案例都是由学校倡导和实施的，不仅锻炼培养了青少年的团队协作精神，而且培养了青少年参与社会事务的能力以及解决问题的能力，更增强了他们的社会责任感。此外，以学校为主导的公益实践活动不仅锻炼了青少年，也使得家庭和社区联动起来，很好地启动了学校—家庭—社区公益教育机制，收获的不仅仅是青少年能力的锻炼与提高，也使得学校、家庭和社区在公益教育活动中受益匪浅。

废旧电池回收利用案例是北京市海淀区永泰小学主导开展的以"低碳环保"为主题的公益实践活动。在学校的主导下，永泰小学开启了学校—家庭—社区公益实践活动。本活动主要分为准备阶段、实施阶段、反思和总结阶段，是一个由学校主导、以家庭为基础、以社区为拓展空间、以在校青少年为主体的公益实践活动案例。

一、准备阶段

准备阶段是这项公益活动最基础的阶段，直接关系着公益实践活动的效果。这次活动由永泰小学主导，因此，准备阶段不仅包括了小志愿者的招募和培训，同时也包括了对家长的培训。为了让家长在这项活动中能够更好地指导孩子有效地开展公益实践活动，学校还特意为家长配发了以废旧电池回收利用为主题的资料包，以帮助家长能够切实有效地指导、支持和帮助孩子顺利完成以废旧电池回收利用为具体内容的公益实践活动。

（一）小志愿者的招募

在招募小志愿者的过程中，永泰小学德育教研室及少先队大队辅导员

充分结合小学生的心智发育情况及学习紧张程度，选择了在三、四年级招募小志愿者。这主要是基于两个方面的原因：一是三、四年级的学生心智水平相对成熟，能够承担并能比较顺利地完成公益实践活动；二是三、四年级的学生还没有面临小学升初中的压力，不如五、六年级的学习任务重，也没有那么紧张。基于以上两点，在三、四年级招募小志愿者更容易征得家长的同意、支持与配合。

招募小志愿者主要采取学校组织号召和学生自愿报名相结合的方式，同时报名的小志愿者还要征得家长的同意。

（二）志愿者培训

招募公益实践活动志愿者之后，学校辅导员对小志愿者及家长志愿者分别进行培训。

1. 小志愿者培训

永泰小学废旧电池回收利用小志愿者培训是由永泰小学原德育教研室主任李雨梅老师负责的（见图5-1）。李老师就公益教育实践活动的意义与

图5-1　李雨梅老师在培训小志愿者

价值，从学生、家庭、学校、社区等多个角度向小志愿者讲述，并特别指出公益实践活动对增强小学生主人翁意识和社会责任感的意义。

整个培训过程主要分为两个环节。

第一个环节主要强调公益实践活动的重要性及意义，并特别邀请小志愿者和家长积极参与活动，同时说明了小志愿者活动主要是利用假期进行的，只要同学们能够合理安排学习时间，不但不会影响学习，还会从公益实践活动中得到锻炼和提高。

欢迎小同学自觉自愿来参加我们的活动，更欢迎你们的爸爸妈妈也支持我们的活动。有的同学可能特别愿意参加活动，但是爸爸妈妈不太乐意，觉得会耽误时间、耽误学习等。其实真正的小志愿者在参加活动的过程中，并不会耽误太多的时间，关于这一点，白宇同学有切身的感受。因为假期里的时间是富余的，只要你把学习时间调整完之后，剩下的时间很利于参加志愿者活动，也能使你得到锻炼。

——北京市海淀区永泰小学原德育教研室主任　李雨梅

第二个环节是演示环节，主要向小志愿者展示如何在废旧电池回收利用公益实践活动中，向同学和社区居民进行宣传，不仅要让他们认识到废旧电池的危害，还要引导他们积极参与到这项环保活动中。为了让小志愿者能够更好地掌握和合理利用各种宣传材料，小志愿者培训专门进行了现场演示培训（见图5-2），从资料收集、PPT制作、手抄报制办、展板制作和宣传单印制到PPT的合理有效利用等都进行了细致有效的培训。

李雨梅老师在对小志愿者进行宣传教育的过程中，除了进行有关废旧电池回收利用的培训之外，尤其强调这项活动过程中的安全教育，特别向小志愿者强调了"安全第一"的理念，强调在整个活动过程中要注意安全。同时，学校为方便学生在活动过程中记录活动过程中和参与活动的感受和

图5-2　小志愿者演示废旧电池回收

体会，还特别针对这次废旧电池回收利用活动制作了活动手册（见附录一）。李雨梅老师还针对小志愿者如何合理使用活动手册进行了培训。

2. 家长志愿者培训

家长是公益实践活动强有力的后盾，是公益实践活动能够顺利成功开展的重要保障。公益实践活动本身就是需要学校、家庭、社区共同参与的一项教育活动。因此，家长在公益实践活动具有不可替代的作用。

永泰小学的家长志愿者培训也是由永泰小学原德育教研室主任李雨梅老师负责的。李雨梅老师在培训过程中，一方面，向家长们介绍和说明了公益实践活动的意义，并说明了公益教育及实践活动是学校德育的一项特色，通过试点活动已经取得了很好的效果，在这项活动中，小志愿者得到了很好的锻炼和提升；另一方面，对家长们对学校开展公益实践活动的理解和支持表示感谢，希望家长们能够一如既往地支持学校的公益教育及实践活动，鼓励指导孩子克服活动中的困难，指导孩子顺利完成公益实践活动。

这项活动使孩子们走向社会，发挥自己小主人翁的意识，让他们认识到自己是社会的一个小公民。这项活动是我们学校德育和少先队的一项特色，同时也是和教学的相关内容相结合的。我们已经在学校三、四、五年级尝试开展了三项活动，取得了很好的效果。许多孩子通过公益教育，通过小志愿者行动成长得很快，有的孩子甚至在学校里因为参加了这样的活动，成为学校的小明星。很多同学都很羡慕这些孩子。我们把学校的小志愿者当作一种荣耀来培养，当作学校的"三好学生"和"四好少年"来认真对待。很多孩子在这种活动中学会了怎么去跟居民交往，学会了怎么去宣传，学会了怎么把自己的所学做成口号、宣传单子、讲稿等，他们通过自己小小的力量带动社会参与到环保活动中。三、四年级的孩子们已经能够自行地非常成功地向班里的同学进行宣讲。非常值得高兴的是，我们学校和老师一点都没有帮忙，活动都是孩子们自己进行的。但是我知道，在这个活动背后，许多家长付出了很多。有的学生告诉我，这个讲义是家长帮忙做的，我说："谢谢你的爸爸妈妈，他们辛苦了！"孩子说："我觉得爸爸妈妈很辛苦，但是这个讲稿做得很好！"我说："既然你已经认识到爸爸妈妈的辛苦了，那么今天中午在做宣传的时候，就希望你能尽自己所能，合理甚至完美地运用好这个讲稿，把自己所要表达的东西都告诉同学们吧。"今天中午，我和周老师拿着摄像机把每个班的宣传过程都拍了下来。孩子们有合作、有分工，活动有条有理。我相信每一位家长都能看见孩子们今天能够那么合理地、清楚地、非常成功地向班里的同学宣传电池的危害，宣传我们应该怎样合理回收废旧电池。家长们也看得非常高兴。很多班主任跟我一起拍摄的时候，都很惊讶："哎呀！他们怎么准备得这么好！"我说："真是让我也感到非常惊讶！"

今天我给家长们开会的目的有几个。首先，向家长们交代一下我们的孩子们正在做这样一项工作，就是公益实践活动，希望得到家长们的支持。然后，我们的孩子们在活动中，肯定是要有所付出的，也希望家长们能够理解。这些付出包括他们可能会放弃休息的时间，放弃玩耍的时间。

此外，假期的时候，我们还要组织孩子们开展一些由孩子们和家长志愿者联合开展的一些社区公益教育活动，希望家长们能够支持。

另外，就是想对家长们说一声"感谢"。首先，感谢各位家长能够同意孩子参加小志愿者公益教育活动。其次，感谢各位家长对孩子默默的帮助、扶持，但是，我也提醒各位家长，不用为孩子包揽一切。有的孩子的PPT真的是自己做的，虽然很幼稚、很简单，但是凝聚了孩子自己的智慧，我们要相信孩子！再次，感谢各位家长能够在快要临近期末的时候，还能支持孩子参加这样的活动。我相信这些家长肯定不是只看重孩子的学习的，还是看重孩子去参加其他的活动的。实际上，我们会发现，那些被评为"三好学生""四好少年"的孩子，肯定不是只在学习方面有突出表现的孩子，只会学习的孩子不能谈得上是全面发展的孩子。所以，真心实意地对各位家长表示感谢，也希望各位家长能够一如既往地支持学校的工作，谢谢大家！

——北京市海淀区永泰小学原德育教研室主任　李雨梅

在家长培训中，为了让家长能够更好地指导孩子开展废旧电池回收利用的公益实践活动，学校还给家长配发了有关废旧电池回收利用的资料包。

（三）废旧电池回收箱的设计制作

学校为了组织好废旧电池回收利用活动，还特意设计制作了废旧电池回收箱（见图5-3），方便小志愿者和同学对废旧电池进行集中收集。由于这次废旧电池回收利用的公益实践活动主要是在三、四年级开展的，所以学校

图5-3　永泰小学废旧电池回收箱简图

在北京师范大学中国公益教育研究所的资助下，设计制作了废旧电池回收箱，分别放置到三年级的6个班以及四年级的6个班和校园里，方便同学对废旧电池进行回收利用。

（四）活动手册的制作

永泰小学为了确保这次废旧电池回收利用活动能够有效进行，并能有效地记录下小志愿者的活动状况，特意针对这次活动设计制作了"低碳生活快乐营——废旧电池回收活动手册"。活动手册除了扉页的"我们是光荣的志愿者"之外，还包括9个方面的内容：

① 我们为什么回收废旧电池呢？

② 我们怎样才能回收到废旧电池呢？

③ 到社区回收废旧电池需要做什么呢？

④ 为了更好地到社区开展志愿活动，我们怎样邀请家长参加呢？

⑤ 为了活动能够顺利开展，我们一起制订了活动计划。

⑥ 我们是怎样实施活动计划的？

⑦ 在活动中，我们遇到了哪些困难，我们是怎样解决的？

⑧ 我们参加活动后的感受和收获是什么？

⑨ 我们的活动成果是什么？

在活动手册中，为了使小志愿者在填写和记录活动的过程中感到有趣和好玩，活动手册的设计穿插了许多动漫和卡通元素。

二、实施阶段

实施阶段是公益实践活动最重要的一环。通过以上各项准备工作，小志愿者们在自己的努力和家长的指导及帮助下针对废旧电池回收利用活动做了精心的准备。

永泰小学三、四年级的每个班都招募了小志愿者，他们三四人一组，

就废旧电池的危害和合理回收利用进行宣传，并为宣传活动做了大量细致的工作：上网搜集有关电池的知识，去环保部门了解电池的最终去向；制作废旧电池回收利用的宣传单、宣传展板、手抄报；同时为了更好地向同学和社区居民宣传，各组小志愿者特意制作了针对废旧电池的危害和合理回收利用的PPT，既直观又生动，便于这次公益实践活动的有效宣传。

实施阶段主要分为两个步骤进行：第一步，小志愿者在学校就废旧电池的危害以及合理回收利用向全校的同学和老师进行宣讲；第二步，小志愿者迈出学校、走进家庭、步入社区向社区居民宣传废旧电池的危害和合理回收利用。

（一）小志愿者在学校宣讲

小志愿者在学校的宣讲活动主要是分班分组进行的，主要宣讲废旧电池的危害，同时也向学校师生宣讲如何将废旧电池合理回收利用。小志愿者为了达到较好的宣讲效果，制作了生动有趣、直观清晰的PPT，并针对电池的有关知识做了认真细致的准备，同时每个志愿者小组还喊出了自己小组的低碳环保口号，便于废旧电池回收利用的宣传。

1. 第一小组小志愿者的校园宣讲活动（见图5-4）

第一小组小志愿者首先喊出了他们的宣讲口号："废旧电池，危害环境，集中回收，利国利民！"并让同学们一起喊出这响亮的低碳环保口号。

第一小组的宣讲内容主要分为引言、废旧

图5-4　第一小组小志愿者在宣讲

电池的危害、国内使用电池的现状、国际废旧电池的处理方式几个部分。

（1）引言

同学们，当你用遥控器挥洒自如地指挥着电动玩具，当你走在大街上戴着耳机享受美妙音乐，当你坐在电动车中欣赏美好自然风光的时候，你有没有想过，如果没有了电池，生活还会那么精彩吗？

当我们充分享受科技给我们带来的种种便利时，我们也发现了废旧电池的危害。

（2）废旧电池的危害

一节纽扣电池可以污染60万升水，相当于一个人一生的饮水量。对自然环境危害最大的5种物质中，电池里就包含了3种。

小型二次电池中，目前使用较多的有镍镉、镍氢和锂离子电池。镍镉电池中的镉是环保严格控制的重金属元素之一。锂离子电池中的有机电解质，镍镉、镍氢电池中的碱和制造电池的辅助材料铜等重金属，都能污染环境。

民用干电池是目前使用量较大也是较分散的电池产品，主要有锌锰和碱性锌锰两大系列，还有少量的锌银、锂电池等品种。锌锰电池、碱性锌锰电池、锌银电池一般都使用汞或汞的化合物做缓蚀剂，汞和汞的化合物是剧毒物质。废电池作为生活垃圾进行焚烧处理时，废电池中的汞、镉、铅、锌等重金属一部分在高温下排入大气，一部分成为灰渣，产生二次污染。

（3）国内使用电池的现状

国内使用最多的工业电池为铅蓄电池，主要采用火法、湿法冶金工艺以及固相电解还原技术，外壳为塑料，可以再生，基本实现无二次污染。

（4）国际废旧电池的处理方式

国际上通行的废旧电池处理方式大致有三种：固化深埋，存放于废矿井，回收利用。废旧电池一般都被运往有毒有害的垃圾填埋场，但这种做法不仅花费太多，而且还造成浪费，因为这些电池中含有不少可做原料的

有用物质。

废旧电池的回收利用方式之一是热处理，瑞士有两家专门加工利用废旧电池的工厂。巴特列克公司采取的方法是将旧电池磨碎，然后送往炉内加热，这时可提取挥发出的汞。温度更高时锌也蒸发，它同样是贵重金属。铁和锰熔合后成为炼钢所需的锰铁合金。该工厂一年可加工2000吨废电池，可获得780吨锰铁合金、400吨锌合金和汞。另一家工厂则直接从电池中提取铁元素，并将氧化锰、氧化锌、氧化铜和氧化镍等金属混合物作为金属废料直接出售。不过，热处理的方法花费较高，瑞士还规定向每位电池购买者收取少量废电池加工专用费。

2. 第二小组小志愿者的校园宣讲活动（见图5-5）

第二小组借助于PPT，以问题呈现和同学回答的形式对电池的成分和废旧电池的危害进行了宣讲。具体内容如下。

小志愿者：在我们的生活中，电池无处不在，而就是这节小小的电池，能带来一场巨大的灾害。我们知道，电池终究会废旧，等它们废旧之后，我们怎么办呢？

学生：电池废旧了就把它扔到垃圾桶，但是不能烧掉它。如果烧掉它，它里边的有害物质会流出，会破坏人体的器官和植物的器官。

小志愿者：说得很好！

今天我们就来学习废旧电池的回收。有的同学可能会说，电池废旧后，直接扔了不就得了，为什么要回收呢？说到这里，我们还是听听下面的内容吧！

（1）电池的成分

小志愿者：干电池、

图5-5　第二小组小志愿者在宣讲

充电电池的组成成分有锌皮（铁皮）、碳棒、汞、硫酸化物、铜帽；蓄电池以铅的化合物为主（见图5-6）。

图5-6 小志愿者在讲解电池的成分

（2）废旧电池的危害

小志愿者：我们大家已经知道了废旧电池的成分，我们再来了解一下它的危害。

废电池在生活垃圾中是微不足道的，但它的害处却非常大。电池含有汞、铅、镉等重金属物质，汞具有强烈的毒性，铅能带来神经紊乱、肾炎等，镉主要造成肾损伤以及骨质疏松、软骨症节骨折。若把废旧电池混入生活垃圾中一起填埋，久而久之，它们可能污染地下水和土壤。

有这样一组数据，一节一号电池可以让一平方米的庄稼绝收。

知道了乱扔废电池有这么大的危害，我们以后该怎么办呢？

学生：应该进行分类回收！

小志愿者：说得很好！

请大家记住，不要因为一个小小的行为，造成一场巨大的灾害。如果同学们家里有废旧电池，下周一可以带到学校，学校将统一回收。请同学们先到我这里登记，然后再把电池放到电池回收箱里。

谢谢大家！

3. 第三小组小志愿者的校园宣讲活动（见图5-7）

第三小组小志愿者的宣讲活动是由永泰小学三（3）班的志愿者代表进行的，他们三人一组，结合自己的科学实验以及自己的经验体会，分别从废旧电池与环境保护、电池的种类及主要成分、电池对生物的影响、废旧电池回收再利用流程、减少电池污染等几个方面进行了宣讲，并呼吁大家马上行动起来，参与废旧电池回收利用，保护环境。在宣讲之后，他们

还分别对自己在这次废旧电池回收活动中制作的手抄报进行了宣读。

小志愿者：大家好，今天我们一起为大家讲述电池的危害，听完下面这段话，我们一定要保护环境，保护家园。

（1）废旧电池与环境保护

图5-7 第三小组小志愿者在宣讲

小志愿者：这是各种各样的电池（见图5-8），有一号电池，还有手机电池，等等，它们堆满了好多好多地方。

电池给我们的生活带来了方便，但是你知道吗？一颗纽扣电池落入大自然可以污染60万升水，相当于一个人一生的饮水量。大家想想，一个人一生的用水量那么多，所以我们记着一定不要乱扔电池。一节一号电池烂在地里，能使一平方米的土地失去利用价值。我国是电池消费大国，目前全国拥有干电池生产厂几百多家，年产电池上百亿节。

看了这些资料，你有何感想？

学生：电池的危害实在是太大了！

学生：就是说，一节纽扣电池就可以污染一个人一生的用水量，那几百亿节电池得污染多少水啊。

学生：我们不可以再这么乱扔电池了。

图5-8 小志愿者在讲解各种电池

（2）电池的种类及主要成分

小志愿者：一次性电池，包括纽扣电池、普通电池、锌锰干电池和碱电池，它们多含汞，其实就是水银。水银是一种有毒物质，如果人服用了它，可能会在几天之内死亡。二次电池主要指充电电池，它含重金属镉。汽车电池含有酸和重金属铅。

这些是碱锰电池，这些是锂电池，这些是手机电池，这些是纽扣电池，这些是铅电池（见图5-9）。

（3）电池对生物的影响

小志愿者：左边的植物是用电池液浇灌的，就是把电池放在清水里，然后把经过电池浸泡的水浇灌到植物上（见图5-10）。右边的植物是用清水浇灌的，它长得非常好，但是用电池液浇灌的植物已经枯萎了。因为电池里有好多重金属，植物适应不了这种金属，所以它就会枯萎。因此，我们不要把电池扔在草地里，如果我们每个人都乱扔电池的话，那我们的地球上就什么都没有了，没有了绿树，就只有灰灰的土地了。

用电池液浇灌的植物没有长出芽，但是用清水浇灌的已经长出芽了（见图5-11），这就是电池液和清水的不同点。

图5-9　小志愿者在讲解电池的分类

图5-10　小志愿者在讲解废旧电池对植物的危害（一）

（4）废旧电池回收再利用流程

小志愿者：同学们，请问你们和周围的人平常是怎么处理废旧电池的呢？

学生：我的家长就是把电池放在袋子里，然后就把它扔掉了。

学生：把电池卖了！

学生：我会把很多废电池攒起来，放在塑料袋里，然后扔进回收废电池的垃圾箱里。

图5-11　小志愿者在讲解废旧电池对植物的危害（二）

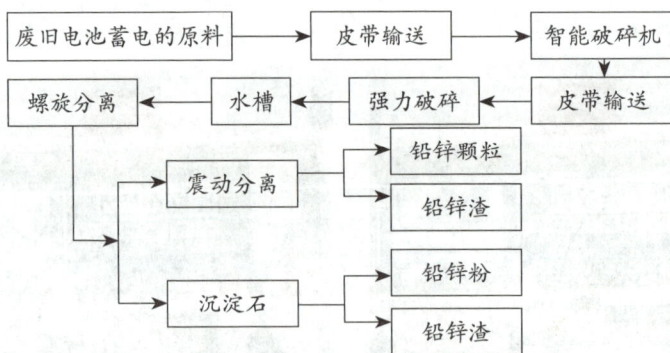

学生：直接扔到垃圾桶里！

小志愿者：我想告诉你们，有的电池的电量耗得太多了，它的旁边会出现很多很多的粉末，这时千万不要用手去碰粉末，那些粉末有毒。有的同学爱吃手指，如果没洗手就把碰到粉末的手放到嘴里，可能会有生命危险。下面我们来看一下废旧电池回收再利用流程（见图5-12）。

图5-12　废旧电池回收再利用流程

（5）减少电池污染

小志愿者：为了减少电池污染，你想做些什么？

学生：我想要把电池投到回收箱里，然后让它变成一些有用的东西。

学生：我想把平时碰到的一些废电池捡起来，然后把它们扔到垃圾桶里。

学生：我家用完电池后，就把电池扔进塑料袋里，让父母去处理，扔进垃圾箱或者卖掉。

（6）马上行动，共同参与

小志愿者：请你为环保部门设计废旧电池回收箱。不过咱们已经有回收箱了（见图5-13），大家以后可以把电池投到这里。

让我们保护环境，从自己做起，从现在做起。地球只有一个，没有第二个，所以我们一定要保护环境，爱护地球。

现在我们给大家读一读我们做的手抄报（见图5-14）。

你知道吗？废电池是我们生存环境的一大杀手。一节小小的纽扣电池能污染60万升水，相当于一个人一生的用水量。一节一号电池扔在地里会使一平方米的土地失去利用价值，并造成永久的危害。电池中含有汞，即水银，一种液体金属，汞及其化合物的毒性很大。电池中含有镉，镉是一种毒性很大的重金属，镉在人体内会导致慢性中毒，主要病症是肺气肿、骨质软化等。

我们该怎么做？

图5-13　小志愿者在讲解废旧电池回收箱

图5-14　小志愿者在阅读自办手抄报

从我做起，从身边的一些小事做起，是我们的座右铭。关爱身边的环境，绝不随地丢弃废旧电池，参与废旧电池的回收和利用，是我们每个人的责任和义务。买环保电池，防治汞镉污染，个人的行为也许微不足道，但我们把每个人的力量联合起来，便足以托起一种文明，一种与自然和谐相处的文明，一种可持续发展的文明。

我们再来看一下废电池的处理方法。

国际上有三种通用的处理方法：一是固化深埋，二是存放于废矿井中，三是回收利用。固化深埋和存放于废矿井中的做法不仅花费太大，而且还造成很大浪费，因为电池含有不少可以作为原料的有用物质。回收利用有三种方式。第一种是热处理，将旧电池磨碎后送往炉中加热，提取挥发出的汞和锌；第二种是湿处理，将各种电池均溶解于一种酸，然后借助于离子等物质，提取各种金属；第三种是真空热处理法，将废电池在真空中加热，并将汞迅速蒸发回收，然后再从剩下的粉末中提取镉和锰。

如果我们能把电池投到相应的垃圾箱里，那么天会变得更蓝，草会变得更绿，水会变得更清，所以我们一定要爱护我们的家园，将废电池放到它们自己相应的"家"里去。

让我们一起喊出我们的口号：保护环境，保护家园！

希望大家一定要按照我们刚才讲的去做，谢谢同学们！

4. 第四小组小志愿者的校园宣讲活动（见图5-15）

他们的宣讲内容依然主要是围绕废旧电池的危害及其合理回收利用进行的。

把废旧电池交给我们吧！

我宣传，我快乐！

保护环境，人人有责，我们要让更多的人和我们一起将废旧电池回收再利用，让它们继续为人类做贡献，把它们的危害降到最低。

图5-15　第四小组小志愿者在宣讲

爱护环境，保护地球母亲！

请大家行动起来，积极参与！

我们在行动！

瞧，有位青年在向我们的回收箱里放废旧电池。活动中，我们在向居民宣传废旧电池的危害及如何回收利用。瞧，他们听得多认真呀！（小志愿者结合PPT向大家讲解）

我们的感想：通过这次宣传活动，我们使更多的人认识到了废旧电池的危害以及如何正确地回收利用，得到了居委会叔叔阿姨的一致好评。作为小志愿者的我们感到无比骄傲和自豪。

我们的座右铭：从我们身边的小事做起，关爱身边环境，参与废旧电池的回收再利用是我们每一个人的责任和义务。我宣传，我快乐！

谢谢大家！

5. 第五小组小志愿者的校园宣讲活动（见图5-16）

第五小组小志愿者的宣传内容主要是结合电池的成分，讲解了电池中不同元素对人体的危害，并介绍了不同国家为了减少电池危害所采取的各种举措和电池的合理回收方法等。

（1）电池的危害

电池里含有锌、铅、汞、锰、镉（见图5-16）。这些元素被埋到土里以后，会给土壤造成危害，在那块土地上生长出来的植物也会被污染，如果被污染的土壤接近小河，这些被污染的河水会随着河水的流动流到更远的地方，造成大面积的污染。电池中的重金属对人类身体有严重的危害性。

在我们盲目地追求高利益的同时，我们的地球却惨不忍睹。

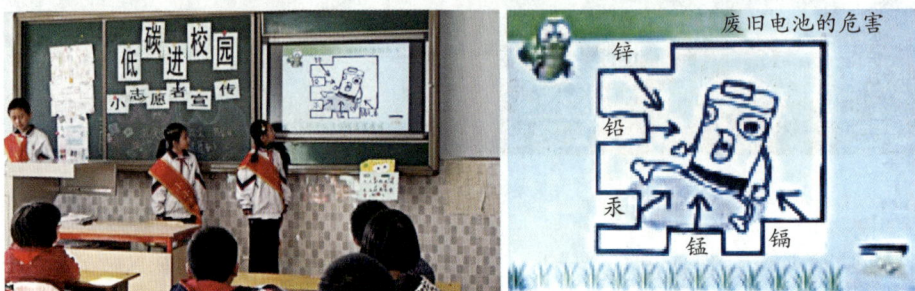

图5-16　小志愿者在宣讲电池的成分

（2）电池的回收方法

目前的电池回收方法主要有三种，一是人工分选回收利用技术，二是火法回收利用技术，三是湿法回收利用技术。

（3）国外的环保举措

墨西哥政府倡导使用"人力"出租车（见图5-17），从而减少汽油的燃烧，降低二氧化碳的排放量。

梵蒂冈的太阳能收集系统缓解了该国的能源压力，同时也为环保出了一分力。

日本智能能源收集器通过踩踏来收集能量，有助于减轻能源压力。

意大利的动物垃圾车充分利

图5-17　墨西哥的"人力"出租车

用动物资源，用一种清洁的方式保持城市清洁。

（二）小志愿者在社区宣讲

小志愿者在校园向老师和同学宣讲了废旧电池的危害及其合理利用之后，又利用寒假休息的机会，向社区居民宣传，以自己的切身行动，呼吁更多的人了解和认识废旧电池的危害，向他们宣传废旧电池集中回收、合理利用的好处，以便更多的人参与环境保护。

2013年1月8日，永泰小学三（4）班志愿者来到了他们居住社区的商场。他们制作了宣传海报（见图5-18），宣传海报针对废旧电池的危害、废旧电池的合理回收利用等方面做了较为详细的介绍，同时海报也宣传和呼吁更多的人马上行动起来参与到废旧电池的回收和利用中来，为保护环境做自己力所能及的事情。

图5-18 小志愿者制作的废旧电池回收利用宣传海报

同时，这些小志愿者为了方便前来购物的人了解废旧电池的危害及其合理回收利用，还专门印制了150多份宣传单，便于那些时间比较紧、没有时间看宣传海报的居民了解，以便能让他们通过宣传材料来了解认识废旧电池的构成、这些构成废旧电池的重金属对环境和人类的危害程度，以及如何合理回收利用等。他们为了能够很好地发放宣传单，专门选择了在商场的出口处发放宣传单。因为出口处人流比较多，便于发放。此外，出口处的居民都是购买完物品之后回家的居民，一般不会把宣传单随意丢掉，他们把宣传单带回家阅读的机会比较大，这样会起到较好的宣传效

果。在遇到一些年龄大一点的爷爷奶奶时，小志愿者会根据爷爷奶奶的时间情况，向他们详细介绍和宣传（见图5-19）。

除此之外，小志愿者为了方便废旧电池的回收和利用，还将废旧的牛奶箱做成废旧电池回收箱（见图5-20），用以收集居民随手丢弃的废旧电池。

图5-19　小志愿者在向社区居民发放宣传单

图5-20　小志愿者在向社区居民回收废旧电池

三、反思和总结阶段

（一）反思阶段

反思阶段是公益实践活动的关键一环。参加公益教育活动的小志愿者们只有经过对活动全过程的不断反思，才能更深刻地认识到自己在活动全过程中的所思、所想、所做，才能真切地体会到自己在活动中的乐趣以及自己在这次活动中发挥的价值和作用。在准备阶段，永泰小学的老师为了让小志愿者们能够充分记录下自己在活动全过程中的感受，特意设计印发了废旧电池回收利用相关活动手册，目的就是让小志愿者们能够很好地反思活动的全过程，写下自己的心得体会和取得的成绩。

永泰小学的废旧电池回收利用活动的小志愿者们遵照老师的要求，结合自己在志愿宣传活动过程中的切实感受，对整个活动的全过程进行了反思，并写下了他们在这次体验活动中的具体感受。

永泰小学参加此次废旧电池回收利用的志愿者小组共有15个，每个小组都非常认真地填写了活动手册，从志愿者小组的成立与合理分工、活动资料的收集整理到活动方案的提出与实施的全过程都进行了认真的反思。下面是部分志愿者小组对整个活动反思的全过程（见图5-21、图5-22）。

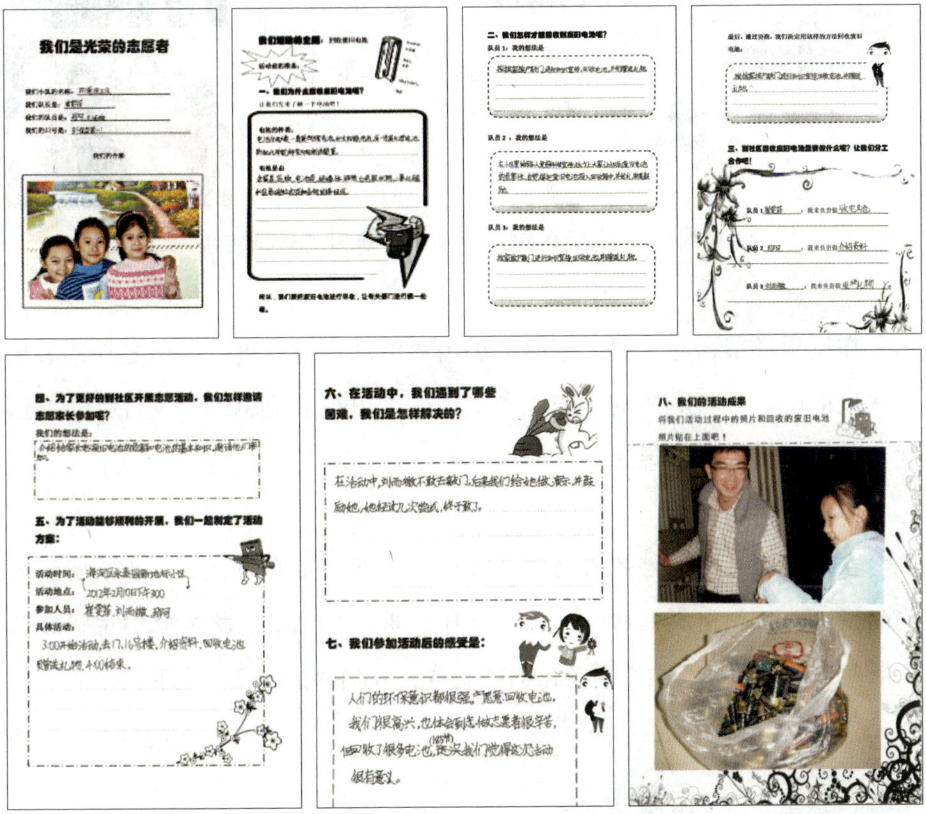

图5-21　四（5）班志愿者小组填写的活动手册

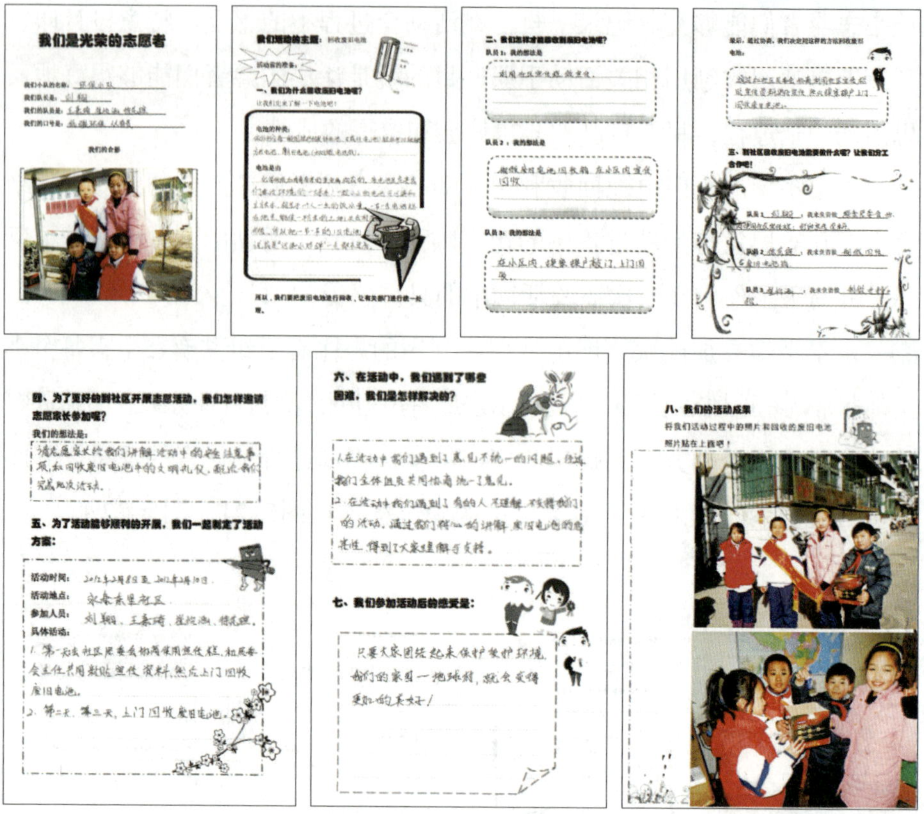

图5-22　三（3）班志愿者小组填写的活动手册

在反思环节，除了每个志愿者小组对活动全过程进行反思之外，参加这次废旧电池回收利用的小志愿者也进行了单独的反思，谈了自己参加这次公益教育活动的感想。

在此次回收旧电池的活动中，我们小组遇到了有的叔叔阿姨不理解我们的情况，他们问我们回收旧电池有什么用，我们小组就为他们讲解废旧电池的危害，最终我们得到了他们的支持，我们的宣传活动也取得了成功。

——三（3）班刘翔

在刚开始回收电池的时候，我们遇到了许多困难，但是，它们没有阻挡我们的心。比如，我一家一家地敲门时，因为我是中午敲的门，所以许多老人在睡午觉，没有开门。后来，我们选择了上午，可是效果还不是很好，不过我们还是回收了29节电池。再后来，我们就选择了人们下午下班的时间，这次叔叔阿姨都给我们电池，我们一下午就收了上百个！

——三（1）班宋彦霖

我很高兴参加这次活动，为社区服务，为社区做贡献。

要做好这次活动，勇敢是非常重要的。在面对陌生人的时候，我们要勇敢地向陌生人宣传、介绍，礼貌也是很重要的。宣传完了，我们要对陌生人说"谢谢您的配合""再见"等。

通过这次活动，我懂得了做事要勇敢、对别人要有礼貌的道理。

三（1）班王羽佳

我校举行了回收废电池活动，我是其中一个志愿者。我和宋彦霖、杨子易一起回收。我先挨家挨户敲门回收，有的人态度很不好，我刚说："我们是来回收废电池的。"他就把门关上了，怎么叫他他也不开门。我们只好去了下一家。有的人有废电池就给我们，有的人没有废电池，我们就去下一家。我们一边举展板，一边发宣传单。有一些路过的人一看宣传单，就立刻回家拿废电池，而有一些路过的人都不看我们一眼。这一次我们不仅回收了很多废电池，而且还学到了许多关于废电池的知识。例如，废电池是由什么构成的，有多少种废电池。

——三（1）班李佳佑政

通过这次活动，我知道了做什么事情都不那么容易，需要有超强的组织能力，才能把事情做好！

——三（6）班高越珩

137

通过这次活动，我知道了很多知识，明白了很多道理。在给别人讲的过程中，我们也加深了印象。除了电池，其实我们身边还有好多好多的东西没有被发现，就像尾气排放。现在我们家很少开车，一直在坐公共汽车。还有好多好多的事需要我们积极宣传。

——三（3）班刘翔

通过这次活动，我收获了很多，例如，我胆子大了些，与外人交流的能力也很强了。我感觉这次活动非常不容易，因为中途有许多困难，例如，居民不配合，不理睬我们，有的说我们在闹着玩，有的把门"扑通"一下关上了。但是，居委会很支持我们，并且鼓励我们大胆做！

——三（3）班李嘉然

我一定要把这项活动做下去，永远做下去，不仅不乱扔电池，还要不浪费其他资源，如水资源等。我想对同学们说，以后不要再浪费水电等资源了，要好好保护，不要太浪费了！

——三（3）班张乃文

通过这次活动，我想对大家说，请大家一定要把废旧电池等送到有关部门处理，不要浪费其他资源。

——三（4）班白羽

通过这次活动，我想对同学们说，做什么事情都不容易。今后我会更加努力宣传，减少身边废旧电池的危害，保护环境！请同学们一定要保护好各种资源，因为我们的地球只有一个！

——三（5）班赵楠

通过这次寒假活动，我明白了做什么事情都要坚持，不能放弃。通过这次活动，我变得比以前勇敢了，增长了许多知识。爸爸妈妈非常支持我，他们帮我写了一个宣传稿，还做了一个废旧电池的回收箱。通过这次活动，我比以前更自信了，组织活动也更有方法了。我以后还会组织这些活动，还会帮助其他小朋友，让他们也参与到活动中。

——三（2）班李浩然

（二）总结阶段

永泰小学主导的低碳生活主题废旧电池回收利用的宣传活动，使小志愿者迈出校园，走进家庭，步入社区，充分实现了学校、家庭和社区的三联动，取得了很好的宣传效果。学校对此次活动进行了总结，并利用雷锋日活动，在主题升旗仪式上，对废旧电池回收利用的小志愿者们进行了表彰（见图5-23）。

图5-23　废旧电池回收利用小志愿者表彰活动

1．成果回顾

永泰小学原德育教研室主任李雨梅老师代表学校进行了成果回顾。

雷锋的一生是把有限的生命投入无限的为人民服务工作的一生，他的精神影响着一代又一代新人的成长。我们永泰小学就有一批小雷锋，他们利用课余时间，走街串巷，访问居民，志愿服务，宣传低碳，带动身边的伙伴，从2012年11月开始到今天为止，共收了70多千克废电池，他们用实际行动通过了考验。今天，学校将正式为他们颁发志愿者标志，批准他们成为永泰小学红领巾志愿者之家小志愿者。

2．成为红领巾志愿者

鉴于寒假里废旧电池回收利用活动的小志愿者的出色表现，永泰小学红

领巾志愿者之家正式批准这些小志愿者成为红领巾志愿者之家成员，并由永泰小学大队辅导员姚老师宣读小志愿者名单（见图5-24）。

少先队员朋友们，大家好！

自2011年我们永泰小学成立红领巾志愿者之家之后，已经有53名小志愿者分别展开了节水、节电和废物循环使用的志愿者宣传活动。今天，学校又在三、四年级招募了37名小志愿者开展低碳生活——废旧电池回收利用的宣传活动。

在这次活动中，37名小志愿者认真负责，甘于奉献，表现优秀。少先队大队决定批准以下队员正式成为小志愿者。他们是宋彦霖、杨子易、李佳佑政、赵楠、汤琪旸、黄祖德，等等（见图5-25）。希望所有的小志愿者向雷锋叔叔学习，热心公益，积极向上，勇于奉献，为我们生活的校园和社区做出贡献。谢谢大家！

图5-24　大队辅导员宣读小志愿者名单　　图5-25　废旧电池回收利用小志愿者

永泰小学为了表彰这些利用寒假休息时间进行废旧电池回收利用的小志愿者们，还请了李雨梅等老师为他们颁发绶带（见图5-26）。之后，这些新加入红领巾志愿者之家的小志愿者们在国旗下举行了庄严的宣誓仪式（见图5-27）。

我是光荣的志愿者，我在国旗下宣誓：节约能源是我的职责，传递志愿精神是我的义务，低碳生活从我做起，用我们的小手牵大手，做传递文明的小使者，做快乐服务的志愿者。

图5-26　老师为小志愿者颁发绶带

图5-27　小志愿者在宣誓

3. 分享感受

寒假中，小志愿者们深入社区，走上街道，走进家庭，宣传低碳生活，向社区发放宣传资料，宣传废旧电池的危害和集中回收的益处，许多居民和同学们受到了影响。今天，他们将和我们一起分享志愿者宣传活动中的感受（见图5-28）。

（1）刘翔小志愿者的感受

大家好，我是环保小队的小战士刘翔，这是我第一次做志愿者，所以我参加活动前既紧张又激动。满怀信心的我认为自己能够顺利地完成任务，但是活动中我感受到做志愿者并没有我想象的那么轻松和容易。在寒假志愿活动中，我们小志愿者向叔叔阿姨宣传废旧电池回收时，很多叔叔阿姨不理解我们，也不理睬我们，还以为我们在玩，认为我们在耽误他们的时间。但是，我们小志愿者并没有因此而放弃宣传，而是坚持不懈地向他们讲解废旧电池的危害，最终得到了许多人的支持和帮助，我们的活动取得了成功。我想说，虽然我们是小志愿者，虽然我们的力量单薄，但我们的行动却能带来很大的影响，我们没有在困难面前

图5-28　小志愿者分享感受

低头，我们为自己骄傲！谢谢大家！

（2）白宇小志愿者的感受

大家好，我是三（4）班的白宇，我们小队共有4名小志愿者。为了组织好这次活动，我们团结互助，共同协商。活动前，我们做了很多准备。为了让更多的人能够直接了解废旧电池的危害，我们选择在物美超市的出口处进行宣传。我们做了3张宣传海报，印制了150份宣传资料。为了方便回收电池，我们将废旧的牛奶箱进行改造，废物利用，做成了电池回收箱。此外，我们牢记老师的教导，做什么都要安全第一，于是我让我的妈妈做我们的志愿家长，做我们的辅导员，这样才能保证活动成功。前期的准备虽然很辛苦，但正是由于我们认真的前期准备，我们的宣传回收活动才开展得非常顺利，并得到了叔叔阿姨、爷爷奶奶的一致好评，他们都夸我们永泰小学的少先队员是好孩子。我们展示了少先队员文明向上的精神，更重要的是，大家的表扬和鼓励对我们是一种肯定，这是我们继续做好志愿者的动力，我们一定会在小志愿者的队伍中收获更多的快乐。

4. 三（1）班发出倡议

同学们，雷锋是20世纪五六十年代的志愿者，我们的新志愿者们就是新时代的小雷锋。小志愿者活动不仅让我们增长才干，还可以培养我们的社会责任感。

我们不仅是红领巾志愿者之家的成员，我们还是普通的少先队员，我们应该以志愿者的奉献、友爱、互助、自强来要求自己，要像雷锋叔叔那样，爱憎分明，言行一致，艰苦奋斗，助人为乐。

最后，我们代表小志愿者之家，向老师和同学们发出倡议，回收电池小举动，保护环境大贡献。我们小志愿者在学校一层大厅放置了一个电池回收箱，欢迎老师和同学们将不用的废旧电池送到学校，感谢大家对我们工作的支持！

四、小结

永泰小学主导开展的以学生为主体、联动家庭和社区的废旧电池回收利用活动，是一次成功的公益实践活动。这次公益实践活动充分发挥了学校、家庭和社区的作用，并以学生为主体，充分调动和展示了学生的主动性、积极性和创造性，真正把他们当作社会的一分子，让他们为这个社会做自己力所能及的事情，是一种发挥孩子主人翁精神的公益教育活动。

通过这次公益实践活动的锻炼，孩子们学会了如何与陌生人打交道，如何克服困难，如何面对别人的冷眼和不理睬；通过这次活动，他们还学会了如何组织活动，合理分工，将活动进行到底，不松懈、不放弃，直至成功。更重要的是，通过这次活动，小志愿者们对社会和环保有了更直接、深刻的了解和认识。

第六章

学校—社会公益实践活动案例

——蒲公英小小志愿者

北京师范大学中国公益教育研究所在三年的时间里，开展和开发出了学校—家庭—社区主导的案例，另外在开展公益实践活动的过程中，有的活动已经超出了学校、家庭和社区的范围，把公益教育的影响和效果带进了社会。

第一节　案例课堂
——共情受助者，伸出援助之手

"共情受助者，伸出援助之手"是北京师范大学中国公益教育研究所编写的公益教育课程教材中的一课内容，通过教师对课程内容的讲解和学生的互动交流，实现公益教育案例课堂的教学目标。

一、导入课程

老师：大家请看一些图片。

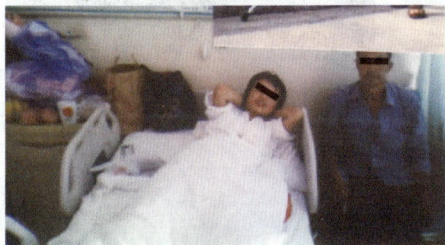

图6-1

图6-2

在我们的生活中，有很多人正处于困难之中，例如无依无靠的老人、双目失明的盲人，还有生病却无钱去医病的病人，这些人都是需要帮助的人，都叫作受助者。同学们，今天这节课就让我们一起来共情受助者。

二、课堂互动

老师：处于困境中的人是需要帮助的人，我们来看看下面这些图片，通过这些图片，你们看到了什么，你们又体会到了什么？

学生：他们很需要帮助！

图6-3

图6-4

图6-5

图6-6

老师：从这些图片中你看到了什么？

学生：图片中有一些老人，生活得很辛苦。

学生：老奶奶特别穷，那么老了应该享受天伦之乐，然而她却在这里背废品，还有那个叔叔，背了那么多回收的瓶子，他们很辛苦！

老师：下面以小组为单位，说说你们看到了什么，又体会到了什么。

第一幅图片中，有一个老人和一个孩子在一个垃圾站上穷得没饭吃，孩子捡到一些食物给他的奶奶吃。

你看到这种情况此时是一种什么心情？

学生：感觉老人过得非常辛苦！

老师：孩子呢？孩子不辛苦吗？

学生：现在我们的生活条件好了，但是有些人还是非常贫困，他们非常珍惜粮食，所以我们要向他们学习珍惜粮食！

老师：想想我们每天中午吃营养餐的时候，很多同学剩饭剩菜，随手就把不喜欢吃的倒掉了。可是这幅图片当中，这个孩子在垃圾站里捡到能吃的食物的时候，他想到了把食物给他的奶奶，和他的奶奶一起共同品尝食物，可能在他心里，这还是一种美味吧。孩子们，我被这幅图片打动了，我不光看到了孩子对老人的爱，也看到了他们这些真正生活在困难中的人，很需要别人的帮助，对不对？

第二幅图片花花绿绿的，有的同学对我说："老师，很漂亮！"第二幅图片是什么呀？

学生：垃圾场！

老师：红红绿绿的各色垃圾袋之中，有一群拾荒人在垃圾袋中寻找那些有价值、可回收、可以换成钱和食物的东西。

第三幅图片中，一个老人背着那么重的东西，我们可以清楚地看到老人的表情非常痛苦。我看到这幅图片的时候，特别想冲上去帮她背这些东西，或帮她提一提，减轻她的痛苦！

最后一幅图片，谁来说说？

学生：我觉得平常学校开展的捐钱的活动都是为那些遭遇大地震的人办的，没有想到更多的人。我觉得图片中的人这么辛苦，我们也应该为他们举行一个捐钱的活动。

老师：非常好，她想到了去帮助这些人！

我们来看一个例子。在广州市主梁镇，有一个张奶奶，这是老人家的房子。大家看看，它残垣断壁，通过房顶能看到天，冬天冷不冷，下雨什么样？老人无儿无女，没有经济来源，盖不起新房。我们再看看屋子当中的摆设。（老师指着图片向同学们描述）

现在以小组为单位，同学们再来思考一下这个老人生活当中都会遇到哪些难处。

组1：我就说说那个房顶，房顶是破的，所以刮风会把老人冻着，下雨也会把老人冻着，夜里进来一条蛇会把老人吓着的！

老师：你看她设身处地地为老人着想，非常好！

组2：我觉得她在食物上有一定的难处。您看桌子底下的火特别特别小，我估计屋里面连床都没有，食物也特别缺乏。我觉得如果她离我们很近的话，我们一定要给她盖新房子。

老师：哦，说得真好！

组3：您看那个地都是坑坑洼洼的，有石头子。老人的腿脚很多时候不方便，如果被绊倒的话，也没有人去帮助她，就她一个人多可怕呀。要是我，我肯定把我的零花钱捐出来给她铺新的地。

老师：大家体会得都很深，能够设身处地地站在老人的角度去思考怎样帮她。

我们来看下一个例子。这些同学在教室内使用的是什么样的课桌椅（见图6-7）？这位女同学回家后在什么样的环境下学习（见图6-8）？看到这些图片，你又有什么样的感受呢？

学生：看到女孩家里很贫穷，应该捐点钱给她！

学生：他们的桌椅是石头做的，石头凹凸不平，应该是从外边捡回来的，所以我以后要给他们捐些桌椅。

老师：反思一下我们自己，有些同学用着这么好的桌椅，还在上面乱写乱刻，应该吗？

图6-7

图6-8

同学们，刚才一系列的图片都使我们体会到这些受助者的难处，并且使我们产生了一种感情，这些感情有时候是一种可怜，有些时候又是一种同情，但看过这些之后，我们更想做的是去帮助这些人。

大家看一看，针对张奶奶的破旧的房子，当地的小学生就像刚才同学们所说的一样，一起行动起来为老人盖房子了。

通过大家的努力，那个破旧的房屋不见了，变成了白墙黑瓦、不再透风的新房。刚才同学们也看到了，老人家里面缺少家具，缺少粮食，那些碗筷等生活用品都已经非常破旧和肮脏了，所以，这些同学又送来了很多生活用品，如暖壶、锅、碗、洗衣粉、牙刷、牙膏等。这些物品都是老人需要的，他们想得真周到。张奶奶非常感谢同学们，感谢这些为她捐助的同学们，她非常感动！

我们接着来看下一个例子。这个故事的主人公叫魏荣寿，他是一位医生，40年来只做了一件事，就是给村里边的人看病。但这些村子非常大，是山村，每一个村子的位置都非常远。但是他40年来风雨无阻，为这些村民送药看病。他初中毕业以后到家乡务农，看到家乡缺医少药之后，觉得乡亲们走40多里山路去买药看病太不容易了，于是他认真学习做了乡村医生。山区的路，崎岖不平，这位医生每天都奔波在这样崎岖的山路上，往

151

返于各个家庭之中（见图6-9）。

图6-9　魏荣寿走在崎岖陡峭的山路上

　　我们接着来看一个留守儿童的例子。你们现在很幸福，能和自己的父母生活在一起。可是还有很多同学，和你们同年龄的同学，生活在自己的家乡，他们的父母却到北京、深圳、广州等各地去打工挣钱。这些孩子一年到头只有春节这几天才能和父母见面。想象一下，如果让你一天、两天、三天、一周、一个月、一年见一下你的父母，你是什么样的心情？

　　学生：老师，我爸爸在兰州开了一个公司，我两个月才见他一面。这两个月我非常想他，我都想买飞机票去找他了，所以我能理解他们想念父母的感情。

　　学生：老师，其实我妈妈在家的时间也有长有短，她有时候四天回来一次，有时候五天回来一次，但是我爸爸却永远回不来了，我能理解他们想爸爸妈妈的情感。

　　老师：一群志愿者为了帮助这些留守儿童和父母进行联系，给他们准备了电话，准备了电脑，让他们看到自己日思夜想的父母。

　　同学们，我们再一起看看下一个故事。

　　除了留守儿童，我们再关注一下我们身边的残疾人。图上的这位残疾阿姨，大家都叫她板凳妈妈（见图6-10），之所以叫她板凳妈妈，是因为她生活在板凳上，和我们相比，她缺少了腿，然而，就是这样一个身体残疾的人，在福利院救助孤儿。看看，她在板凳上照顾这些孤儿，喂这些孤儿吃饭。我们可能会想，一个残疾人自己生活还不能自理呢，可她在板凳上，通过用手挪板凳来行动，去帮助那些贫困的孤儿，洗菜做饭照顾这些孤儿。

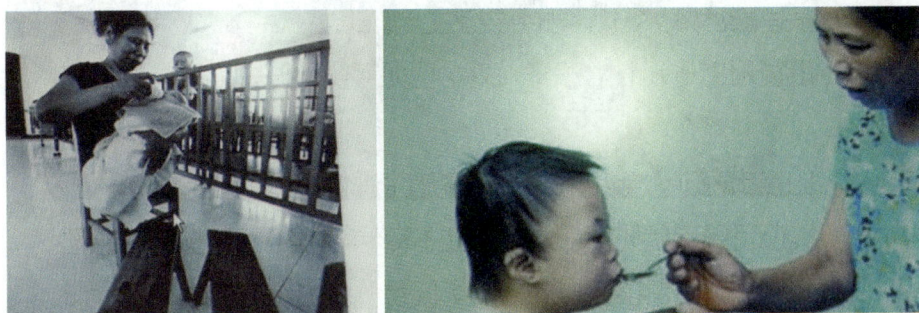

图6-10　板凳妈妈

另外，让我印象深刻的还有2012年7月21日的北京特大暴雨，当时多处车辆被淹（见图6-11），在京港澳高速出京方向17.5公里处，大量的车被淹在水中。21日晚上8点左右，六里桥这个位置有很多人站在车顶上等待救援，密密麻麻的。就在这个紧急关头，英雄出现了，他们是那些工地上的建筑工人。他们带着绳子，爬到公共汽车上营救这些人。大家看看，水有多深，如果他们不会游泳，他们的生命也会受到威胁，但此时此刻，他们没有想到自己的生命会如何，想到的更多的是解救那些车上的人。150多个农

图6-11　北京暴雨，车辆被淹

民工光着膀子、光着脚丫子就跑出来了，带着绳索去营救那些人。这些无名英雄（见图6-12）最终救出180多人。救援从晚上9点多开始，他们自觉自愿地去帮助那些人，在救援过程中也有不少人受伤。

图6-12　北京暴雨中的农民工救人英雄和救人现场

通过老师所讲的这些故事，请大家以小组为单位讨论以下问题：

① 听了这些故事，你有什么感想？

② 说一说你曾经主动帮助过的受助者的事情。

③ 面对这些需要帮助的人，你会做些什么？

三、小组讨论

老师：大家说说，面对这些需要帮助的人，你们打算怎么做？

学生：我会伸出援助之手去帮助他们！

老师：说说你们曾经做过的帮过其他人的事情。

学生：有一天中午上学的时候，三年级的一个小男孩正急着去考试，我帮他把桌上的垃圾捡了。

老师：非常好！那个同学着急走，她伸出援助之手帮助那个同学收拾桌上的垃圾！

说说你的例子！

学生：第一条，我在电视上看到一个山村的孩子，他每天过河会走一个独木桥，就是从树上砍伐下来的那种破破烂烂的树木。大家想，它很容易晃。我看到一个工作人员走过去的时候就很胆小。但是山村的孩子呢，他们很快就跑过去了。我觉得这样的话，他们很可能会掉下去的，所以我如果离他们很近的话，我会捐出钱建一座桥！

学生：我准备组织一次公益活动，号召大家一块来帮助山区的孩子们，同样我也会帮助他们，我们要捐钱捐物！

老师：刚才我所说的这些实例，离我们较远，如果他们就在身边的话，你们会怎么样做呢？下面我们就来看看离我们比较近的例子。

这间房子（见图6-13）和张奶奶的房子比起来，可能还好一些，但依然非常破旧。这是赵明月（音）的家，这个女孩住在医院，今年19岁，是河北省涞水县一名高三学生。她高二放假的时候，发现自己的腿特别疼，但是家里很拮据，舍不得上医院，就忍了好多天，快开学了，还是不行，疼得不得了！

向大家介绍一些她的家庭情况，她的妈妈是小儿麻痹症患者，从来没有站起来过（见图6-14）。赵明月妈妈的腿畸形，一直是坐在轮椅上生活的。她的爸爸靠家里种一点菜和捡废品为生，供这个女孩上学。赵明月是一个学习成绩优秀的女孩，在马上升高三的时候，她生病了。我们去他们家采访时，听见他们家特别吵。他爸跟我说，他们家在伐树。为了给这个女孩看病，他们家把这仅有的几棵树都砍了卖了，这些树最终卖了两

图6-13　赵明月的家

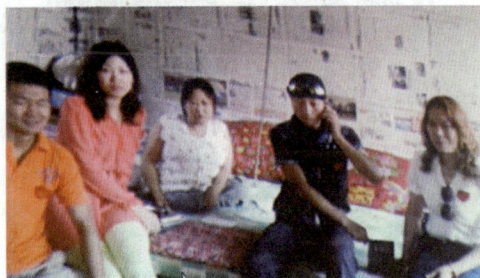

图6-14　蒲公英志愿者在赵明月家

万元钱，但手术费需要30万元。我们的蒲公英志愿者团队，想去帮助她，我们向她捐了些钱，也给她买了好多吃的，但是最终医院告诉我们："骨癌，没有办法！"我们感到挺遗憾的。直到现在这个女孩还会经常给我打电话，跟我说她的情况，夜深人静的时候，她跪在病床上，因为她疼得睡不着觉，这样能够减轻她的疼痛。她告诉我，生命结束之前的最后一个愿望就是"想看看海"。

在我们的身边还有一个可爱的小男孩（见图6-15），也是我们捐助的人。大家看，我们捐助的不是学习用品，而是粮油。因为他的生活缺少这些。这个小男孩叫魏秀杰，一个普通的男生，家里条件非常差，父母身体都不好。这是学校的入学通知书（见图6-16），他需要交钱和准备一些上学用品，所以我们蒲公英志愿者一起去帮助他。这是他的爸爸（见图6-17中间），走路很困难，尤其是上台阶很困难，我们都在扶着他。我们向魏秀杰捐了1500元学费，他的学费总共需要1550元（见图6-18）。

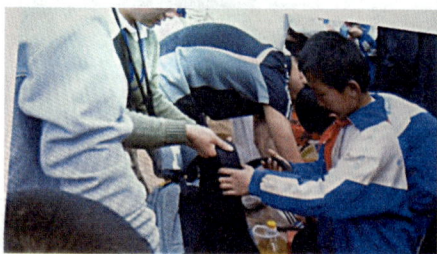

图6-15　魏秀杰（右1）

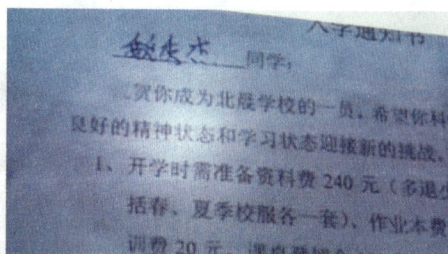

图6-16　魏秀杰的入学通知书

图6-17　魏秀杰和蒲公英志愿者一起
搀着爸爸走路

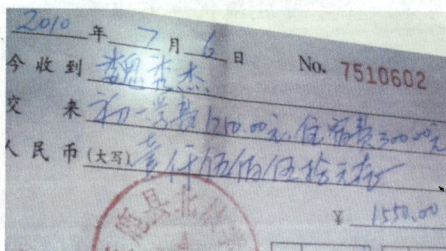

图6-18　魏秀杰的学费单

魏秀杰今年还将面临下学期的学费没有着落的问题。我们蒲公英志愿者每年都会捐助一些在山区当中生活比较贫困、父母挣钱很困难的学生。刚才大家说得都很好，我们要尽可能地奉献出自己的一点点爱心，尽自己所能去帮助这些需要帮助的人。

请同学们想一想，我们身边还有许多需要帮助的孩子，这些孩子需要学费，我们蒲公英志愿者团队主要以捐助学费来帮助这些孩子。现在这学期就要结束了，新学期又要开始了，这些孩子的学费怎么办，我希望同学们帮我想一想，你们能够为这些快要失学的孩子做些什么。

学生：老师，我觉得您作为志愿者中的一员，可以捐献一点钱给他们交学费，然后让这些志愿者每人献出一点爱心就能组成一个特别大的爱心。

学生：我们也可以捐一点钱和生活用品。

老师：同学们说得非常好，我们这些志愿者就是在做这些事情。我们给每一个需要帮助的孩子捐钱捐物，帮他们想挣钱的法子，让他们能自己养活自己。像那个同学所说的，让更多的人成为志愿者中的一员，加入我们，这当然是更好的事情。

今天这节课我们看了和听了一些受助者的事例和他们生活当中的难处。大家能够满怀爱心，真真切切地想去帮助这些人，尤其是刚才老师所说的那些面临失学的孩子。大家的主意也非常好，我们可以一起帮帮这些快要失学的孩子，给他们捐一些学费、生活用品之类的东西。但是，作为学生，你们并没有钱，就连你们身上的零花钱，也都是父母给的。大家有没有什么好办法，可以自己挣钱来帮助他们？

学生：我们可以卖废品挣钱。

老师：刚才这个同学想了一个主意，去捡废品卖钱。具体我们可以怎么做呢？

学生：把自己平时喝的饮料瓶留着卖钱！

老师：大家听到了吧，如果自己把平时喝的一些饮料瓶留着，把用过的本、报纸、纸盒等搜集到一块，并将它们积攒起来，把这些东西卖到废

品回收站，这样就可以挣到钱了，对不对？还有吗？

学生：我就是想知道，他们那边的美术课学不学做贺卡之类的东西。如果他们不会做，老师可以教他们怎么做，然后把做成的贺卡卖钱，这样就能挣钱了！

老师：你这个主意不错，马上要过节了——圣诞节、元旦、春节。但是如果让他们卖，我看很困难，因为那些同学经济上都很困难，他们没有钱去买这些东西。那能不能咱们做一些贺卡，面向全校卖，之后看看能不能挣到一些钱，将这些钱捐给那些需要学费的孩子。我觉得这个主意不错，你可以组建一支愿意和你动手制作贺卡并销售贺卡的人，我愿意支持你们小组！

学生：那些学习好的同学，可以参加英语比赛。只要他们学得好，获得中国第一名，就可以去美国参赛，如果在美国参赛获得第一名，那么就能1年获得8万美元奖金，4年获得32万美元奖金。

老师：真棒！这个想法不错，大家好好学习，争取获得一些奖学金！

学生：把我们家庭里没有用的东西带到学校里拍卖。

老师：这个主意我也非常喜欢！

学生：老师，我也有这种想法！

……

老师：看来，好多同学不约而同地都有这种想法。咱们组织一个关于自己物品的公益拍卖活动，将生活当中那些多余的或者是用不到的学习用品、玩具、衣服等，拿到学校来。我们可以把这些东西进行拍卖或者互换，然后把挣到的钱捐出来。

学生：我想我可以向邻居们说一下，让他们把不用的饮料瓶交给我们，然后我们把这些饮料瓶卖掉，换得的钱可以用来帮助一些贫困的孩子。

老师：我建议你可以拿一个纸箱子或者一个袋子去邻居家，敲开他们的门之后，说你是一个公益小使者，打算为那些上不起学的学生捐献一些钱，麻烦他们把用过的瓶子、废纸都装进去，之后你来卖，我们大家一起来为公益活动做贡献。我觉得非常好，大家都可以这样做。

学生：别人没用的东西都可以给我们，然后我们给他们一些实用的东西进行交换，就是说他们可以用他们没用的东西换他们有用的东西。

老师：这个想法也非常有意思。前段时间我看新闻，好像有人用一颗螺丝钉最终换了一所希望小学，这就是互相交换的结果。我拿这个钉子跟你换，我可能跟你换一个本，之后，我拿着你的本，跟他换一支笔，然后我再拿这支笔跟他换一个书包，再拿书包换其他东西，越换价值越大。因为大家都知道，那个人最终的目标是希望小学，所以大家都愿意跟他进行交换。你这个想法也不错，但是需要号召更多的人。

大家现在需要做的就是筹款，最好不求助于大人，用自己的双手来做，就像同学们所说的，咱们可以开一个蒲公英市场。现在正值期末，同学们学习任务重，等期末考试完以后，咱们就在教室里边开一个蒲公英市场。你们每个人都有柜台，你们的柜台就是你们的课桌，把你们不用的生活用品、学习用具等都带来，我们来开展一次买卖捐献活动。我们需要一个募捐箱，谁来帮老师完成？

学生：我来（龚艳萍说）！

老师：好的，发挥你的手工特长。咱们组织这次活动还需要什么呢？

学生：需要一些买东西的人，还需要广播。

老师：那谁来写广播稿，告知全校同学，我们四年级（1）班将举行公益义卖活动，欢迎大家在什么时间什么地点来参加义卖。

学生：我来写吧！（齐家豪说）。

老师：好！我课下找几个同学一起来商量广播稿！咱们的公益市场还需要什么？

学生：公益市场不够广泛，要解决困难，我们可以在淘宝网开一个网店。

老师：很不错的主意，不过这需要时间和创意，大家慢慢来做。

学生：老师，能不能自己做些东西来卖？

老师：当然可以了！

在我们组织的这次公益活动中，我希望同学们能够"小手拉大手"。如果你们能带着家人的话，那么我们就有两个公益使者——一个小使者和一个大使者。所以我希望同学们能够带着家长一起来参加，这样的话，让家长也去感受这次公益活动，让他们也慢慢共情需要帮助的人。同学们，今天回家以后的任务就是完成《公益小使者》第1页、第2页的内容，除此之外，还需要大家积攒自己的一些物品，还可以制作自己的贺卡。最后，等期末考试结束以后，咱们一起来开展活动。大家群策群力，共同行动，传递公益。

第二节　校园实践
——小手拉大手义卖捐款

根据案例课堂上孙芳老师（见图6-19）的讲解和引导以及同学们的讨论，大家决定在班里举行一次"小手拉大手义卖捐款"活动。

2013年1月18日，刚刚进行完期末考试，北京市朝阳区垡头第二小学

图6-19　义卖组织者——孙芳老师

四（1）班就开展了一次义卖捐款公益活动。活动主要分为以下几个环节。

一、活动准备

在案例课堂上，老师通过引导同学们讨论已经确定了校园实践课的主题。之后，同学们围绕活动主题准备蒲公英市场义卖捐款活动。"小手拉大手义卖捐款"活动，又叫蒲公英市场义卖捐款活动，之所以这样叫，主要是由于组织者孙芳老师是蒲公英志愿者，同时在救助山区贫困孩子的过程中，一直是蒲公英志愿者在进行帮扶和救助的。这次义卖活动也主要是

为山区贫困孩子捐助学费的。

时间：2013年1月18日。

地点：北京市朝阳区堡头第二小学四（1）班教室。

宣传：孙老师和同学们一起商议宣传广播稿，积极号召和邀请全校师生来参加四（1）班捐助山区贫困学生的"小手拉大手义卖捐款"活动，同时积极邀请学生家长参加此项活动，让家长体验和培养其共情能力。

参加人员：四（1）班同学、家长、任课教师、北京师范大学中国公益教育研究所部分成员以及其他具有公益爱心的人士。

义卖物品：同学们在家里不用或者不常用的一些玩具、文具和生活用品等。

蒲公英市场管理规定：大家可以相互交换或购买各种物品，义卖所得款项捐助给山区贫困学生，主要资助这些贫困孩子缴纳学费。

二、活动实施

2013年1月18日一大早，北京市朝阳区堡头第二小学四（1）班的同学们及其家长陆续来到他们的教室。他们当中有的布置蒲公英市场，有的身披绶带当礼仪人员。同学们也都带来了自己制作的精美物品及自己在家中收集的不常用或不用的物品。

活动实施阶段主要有以下几个环节。

（一）布置市场

"小手拉大手义卖捐款"的活动地点在四（1）班教室，同学们根据活动要求，按照小组把整个教室布置成了几个不同的柜台，又根据小组义卖物品的不同，摆成适合义卖物品的不同柜台。

（二）市场迎宾

这次活动是一次公益活动，参加义卖的人员都是具有爱心的人们。为了这次义卖活动的成功举行，并对这些热心公益的同学和家长及其他人士表示欢迎，同学们还安排了义卖小使者（见图6-20）。

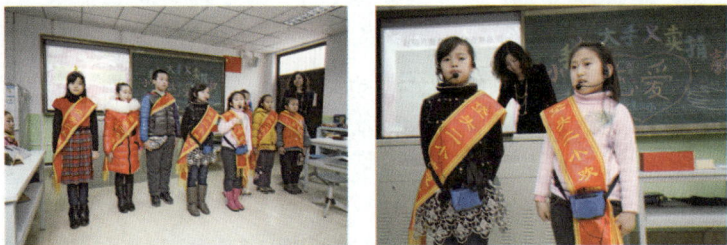

图6-20　义卖小使者

（三）进行义卖

义卖市场布置好之后，义卖市场组织者孙芳老师宣布义卖开始，并讲解了具体的义卖市场的活动细节。

义卖活动分组进行，不同小组的义卖物品不同，有的是自己制作的贺卡，有的是学习用具，有的是模型等。总之，义卖市场物品品种丰富，琳琅满目（见图6-21）。

图6-21　义卖活动现场

在义卖现场，同学们和家长及一些公益人士都非常热心并乐于帮助山区的贫困孩子。义卖活动不仅进行得井然有序，而且开展得生动活泼。

三、收获与总结

（一）收获

同学们通过一个上午的义卖活动，获得义卖总额971.4元，这也是北京市朝阳区堡头第二小学四（1）班同学们的全部义卖款项，他们毫不犹豫地把这些义卖款项投入了捐款箱。

参加这次义卖活动的同学们不仅感受到山区贫困孩子的困难和需要，而且靠自己的能力用实际行动来帮助那些山区的贫困孩子，为他们能够继续学业贡献自己的力量，也为社会做出了贡献。他们感觉帮助别人、为别人做事也是一件非常快乐的事情。

（二）总结

这是同学们组织并参与的第一次义卖公益活动。通过这次活动，他们对公益活动有了一些具体的认识，享受到了帮助他人所带来的真实的快乐。但这毕竟是第一次义卖活动，对他们来说，也是一种尝试或体验。尽管这次义卖获得了900多元的义卖款，但他们觉得款项还是有些少，他们希望能从这次活动中总结经验，争取下次能在更大范围内举行这样的活动，以获得更多的款项去帮助那些山区的贫困孩子。

当然，这次义卖活动对同学们来讲也是一次校园实践活动，那么获得这些义卖捐款之后，他们如何进行捐款，如何找到捐款人，对他们来讲更是一次需要进一步尝试、亲历亲为的社会实践活动了。

第三节　社会实践
——赴山区捐助贫困学生

　　为了使北京市朝阳区堡头第二小学义卖捐款能够成功捐助给贫困山区学生，2013年3月3日，北京师范大学中国公益教育研究所部分成员、堡头第二小学四（1）班班主任孙芳老师、学生代表和家长代表与蒲公英志愿者一道前往河北省张家口市涿鹿县栾庄镇青山口村和小矾山村进行捐助。蒲公英志愿者公益小组的创办者是东北人，他在北京从事野菜销售，这件事与他的职业有关。蒲公英志愿者认识和了解的贫困学生主要是他在山区收购野菜的过程中了解和知道的，然后他进行调查，并走访学校。他拿着学校提供的名单和地址，一家一家地进行调查，真实了解这些学生的家庭贫困状况。这次活动的捐助对象也是通过蒲公英志愿者了解之后才确定的。

　　2013年3月3日上午8点，大家相约在北京市望京广场见面，并约定由此出发前往河北省张家口市涿鹿县的贫困山区。到达约定地点之后，他们把要捐助的物品装好（见图6-22）。之后，蒲公英志愿者公益小组创办人（见图6-23）组织大家进行了一个出发仪式（见图6-24），并进行了宣誓。

　　北京市朝阳区堡头第二小学教师代表、学生代表和家长代表与蒲公英志愿者在带好捐赠财物之后驱车4小时到达了第一个捐助对象魏秀杰

图6-22　蒲公英志愿者和家长代表在搬运和整理捐赠物品

图6-23　蒲公英志愿者公益小组创办人——穿山甲（网名）

图6-24　义卖捐赠出发仪式

（见图6-25）就读的学校——北晨中学（见图6-26）。北晨中学是一所私立的寄宿制学校，据当地人说，它的教学质量很好。天有不测风云，魏秀杰在这所学校就读后不久，其母亲就被查出癌症晚期，家里人为给他母亲治病不仅花光了仅有的一点点积蓄，还向亲戚朋友借了不少钱。这样一来，魏秀杰上学就遇到了问题，首先是学费没有了着落。蒲公英志愿者公益小组创办人在山里收集野菜的过程中了解到魏秀杰的情况，并进行了实地走访，在了解了实际情况之后，两年来，蒲公英志愿者一直在资助魏秀杰以帮助他完成学业。因此，堡头第二小学四（1）班同学在与蒲公英志愿者取得联系之后，决定把款项捐给魏秀杰同学。

魏秀杰是一个品学兼优的孩子，学习成绩非常好。为了保证义卖捐款能够用于魏秀杰的学习而不被挪作他用，堡头第二小学四（1）班的教师代表、学生代表、家长代表以及蒲公英志愿者一致同意将款项捐给学校，以保证这笔费用能够用到魏秀杰的学习之中。

捐助人一行来到魏秀杰就读的北晨中学之后，首先找到了学校领导和老师，与他们进行了沟通（见图6-27），了解魏秀杰的学习和生活状况及其学费缴纳情况，并向学校说明了魏秀杰的实际情况，希望校方能够实行一定的减免政策，校方表示能减免的就减免了。

捐助人一行通过与校方和班主任交谈之后，与魏秀杰见了面，并向魏秀杰说明了来意，安慰他要好好学习，不要过多担心学费和生活费问题。

图6-25　魏秀杰（右）和蒲公英
　　　　志愿者在一起

图6-26　魏秀杰就读的北晨中学

图6-27　义卖捐款人、蒲公英志愿者在与北晨中学校方领导交谈

之后，北京市朝阳区堡头第二小学四（1）班学生代表聂佳怡将学习物品交到魏秀杰的手里（见图6-28），教师代表将义卖捐款交到班主任老师手里（见图6-29）。这部分捐款主要用于魏秀杰的生活费，由班主任王老师代为保管，每个月支付给魏秀杰。之后，家长代表丰永利不仅带着家长们的爱心，还带着朋友们的爱心对魏秀杰进行了捐助（见图6-30）。北京师范大学中国公益教育研究所也对魏秀杰进行了捐助。魏秀杰收到这些捐款和学习用品之后，感动得流下了眼泪。

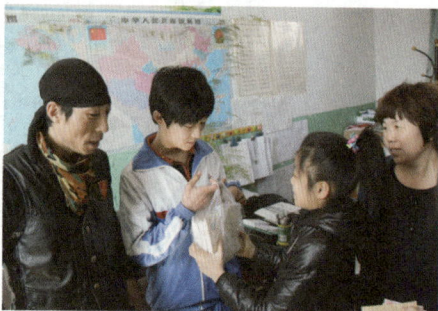

图6-28　学生代表聂佳怡向魏秀杰
捐赠学习用品

图6-29　教师代表孙芳老师向魏秀杰
捐赠义卖款项

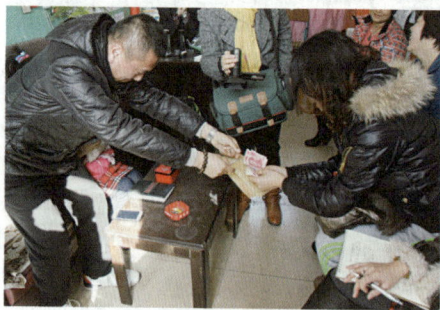

图6-30　家长代表丰永利向魏秀杰
捐赠爱心款

捐助人一行在北晨中学成功而顺利地捐助了魏秀杰同学，这也是他们此行的第一个捐助对象。除此之外，他们还要赶往另一个地方对另一个捐助对象赵一苗进行捐助。

赵一苗也是一个贫困孩子，家庭条件非常差，家里没有电视。趁着这次机会，捐助小组一行人给赵一苗家买了一台电视机。赵一苗家住在河北涿鹿县栾庄镇青山口村，属于山区。到了村庄，积雪很厚且正在消融，道路泥泞难走，捐助小组一行人只好抬着电视往前走（见图6-31）。赵一苗的爸爸妈妈常年在外打工，家中只有奶奶。赵一苗上的小矾山村小学实行并校之后，全部实行寄宿制，赵一苗一般在学校生活和学习，两周回家一次。除了捐助小组给赵一苗家买了电视之外，蒲公英志愿者孙芳老师还给赵一苗买了新衣服。在返回途中，捐助小组经过魏秀杰的家时，特意到魏秀杰家中，给魏秀杰父亲带去一些旧衣服。魏秀杰的父亲在家摆了一个修鞋摊，靠给村民修鞋挣钱供魏秀杰上学。蒲公英公益活动传播小组把去北晨中学看望和资助魏秀杰的情况向其父亲进行了说明，并在魏秀杰的家中合影留念（见图6-32）。

图6-31　蒲公英志愿者给赵一苗家送电视

图6-32　蒲公英志愿者在魏秀杰家中合影

图6-33　孙芳老师、聂佳怡和赵一苗（右一）在小矾山村小学门前合影

蒲公英公益活动传播小组带着复杂的心情离开魏秀杰的家，驱车来到了赵一苗就读的小矾山村小学，见到了赵一苗同学（见图6-33）。赵一苗上小学五年级，年龄比北京市朝阳区堡头第二小学四（1）班的学生代表聂佳怡稍大，由于年龄相仿，见面后两人相互聊了对方的学习情况、学校生活等，互留了通信地址，希望以后保持联系。

　　结束行程时天色已晚，一天的行程使蒲公英公益活动传播小组的成员身心疲惫，但也让他们快乐着。这次行程，给蒲公英公益活动传播小组成员留下了无尽的思绪……他们相信，北京市朝阳区堡头第二小学的师生也从这次公益课堂和义卖捐赠中体会到了受助者的难处，并伸出了援助之手，这在他们的生命中将是一次难以忘记的爱心回忆。

附　　录

附录一　低碳生活
快乐营活动手册

低碳生活快乐营
——废旧电池回收活动手册

（　　）年级（　　）中队

我们是光荣的志愿者

我们小队的名称：_____

我们的队长：_____

我们的队员：_____

我们的口号：_____

我们的合影：

我们活动的主题：回收废旧电池

活动准备

一、我们为什么回收废旧电池呢

让我们先来了解一下电池吧！

电池的种类：

电池的组成：

所以，我们要把废旧电池进行回收，让有关部门进行统一处理。

二、我们怎样才能回收到废旧电池呢

队员1： 我的想法是

队员2： 我的想法是

队员3：我的想法是

最后，通过协商，我们决定用这样的方法回收废旧电池：

三、到社区回收废旧电池需要做什么呢

队员1：我来负责做

队员2：我来负责做

队员3：我来负责做

四、为了更好地到社区开展志愿活动，我们怎样邀请家长参加呢

我们的想法是：

五、为了活动能够顺利开展，我们一起制订了活动计划

活动时间：

活动地点：

参加人员：

具体活动：

活动实施

一、我们是怎样实施活动计划的

二、在活动中，我们遇到了哪些困难，我们是怎样解决的

活动总结

一、我们参加活动后的感受和收获

二、我们的活动成果

将我们活动过程中的照片和回收的废旧电池照片贴在上面吧！

附录二　活动集锦

一、活动照片

附图1　小组成员正在相互认识，来为小组活动做准备

附图2　小组进行小组长民主选举，大家都踊跃参与

附图3　小组团队成果和小组活动规范

附图4　小组成员正在构思活动计划，
大家齐心协力把活动计划展示到海报上

附图5　各个小组的小组活动计划、
小组分工和小组活动规范

附图6　小组长正在向大家展示本小组的
活动计划

附图7　小组成员正在行动

附图8　活动结束后，小组成员进行活动
反思和评价

附图9　活动之后评选出的公益小使者

二、活动感言

公益活动——图书互换

刘雨杉

图书互换，既避免了重复购买图书的浪费，又节约了纸张资源，从而减少了林木的砍伐，响应环保理念，还能够与同学们分享阅读的乐趣，激发同学们对传统阅读的热情。一年级（1）班组织了这次公益活动，为同学们提供了一个交换图书的平台。

7月22日傍晚，天已近黄昏，太阳慢慢地钻进薄薄的云层，我和妈妈早早就来到了杰辉苑小区的亭子下。今天一年级（1）班的同学们约定在这里举行图书互换活动，不一会儿亭子中就挤满了同学和家长，大家都凑在摆满图书的长廊前翻阅着。每名同学被要求拿3本书来参加活动，并在每本图书上面写上自己的名字。同学们都将这些自己看过很多遍的好书拿出来和大家一起分享。我挑选了孟彦熙的《等明天》和朱峰亿带来的《狼大叔的红焖鸡》，妈妈也帮我挑选了一本冰心的散文集。同学们个个都高高兴兴地满载而归。

最后，我们还相约在开学之前把互换的图书物归原主，并交上一篇读后感。这次活动中，同学们的积极性都很高，大家体会到了交换图书的乐趣，感受到了节约的理念。图书互换活动在为大家打开一扇通往知识宝库大门的同时，也增强了同学们之间的协作、互助和信任，还增进了同学之间的友谊。更重要的是，图书互换使同学们手中的图书在交换中得到循环利用，让图书资源真正流动起来，还使同学们在不知不觉中将读书化为自觉行动，使读书成为一种习惯。

送别英雄李方洪有感

王竞晗

2012年7月21日，北京遭遇特大暴雨，北京市公安局燕山分局向阳路派出所所长李方洪带领民警、街道干部奋战在辖区积水严重的凤凰亭村，先后救出63名被困群众，却不幸被一根带电电线杆斜拉钢索击倒，以身殉职，年仅45岁。

我从新闻里得知这个消息的时候，觉得很震惊。我记得那天从少年宫下课回来的路上，雨下得好大好大呀！路上都是没过膝盖的雨水，行走起来真的很困难。可是没有想到的是，在这种恶劣的天气下，还有那么多处在困境中需要得到帮助的人。更没有想到的是，还有一位为了救助别人而光荣牺牲的李方洪叔叔。

7月29日上午，学校组织我们学生一同送别英雄李方洪。我们很早就到了集合地点，却看到成千上万的叔叔阿姨、爷爷奶奶、哥哥姐姐们都早已在送别的道路两旁一并排开站好了。他们有的人手持菊花、泪流满面，

有的人举着黑底白字横幅，上面写着"方洪，一路走好""人民公仆，警察楷模""抗洪英雄北京骄傲爱民模范精神永存""沉痛悼念李方洪烈士"等。

我和同学们身穿校服，佩戴着红领巾，庄严肃静地站在路旁，静静地等待着灵车的到来。当时只觉得周围的气氛很沉重，因为我从来没有参加过这种活动。

7点30分左右，英雄李方洪的灵车缓缓开来，沿途的人们纷纷含泪挥手向李方洪叔叔告别。在我的口号下，同学们齐刷刷地抬起了小手，向这位英雄敬礼、送别，目视着灵车缓缓离开我们的视野，直到看不见为止。这次送别李方洪叔叔的活动，对我们来说是一次精神上的洗礼，它使我们学到了一种不退缩、不畏惧、坚持到底、不求索取、只求奉献的精神。

送别活动后，我们班又组织了一次班内的小型捐款仪式。我们纷纷把自己平日里节省下来的零花钱争先恐后地往捐款箱里放，一共募捐到赈灾款项70元。钱虽少，可这代表了我们的一片心意，希望我们的爱心能够帮助到最需要帮助的人。

通过这次活动，我深刻地领悟到：我们要学会真心地去关爱别人、帮助别人，只有这样，我们才能得到更多的快乐与收获。

小小举动点亮爱的世界

吴小田

从我记事起，爸爸就对我说："你应该有爱心。"我不懂爱心是什么。稍大一点，我和爸爸走在街上遇到那些乞讨的老奶奶、老爷爷，残疾的叔叔阿姨，我会驻足看看，不知为什么觉得他们很可怜，这时爸爸会掏出一两元钱给我，让我给他们，后来我知道了，我具有同情心。我渐渐长大，成为一名小学生。品德课上，老师教育我们要尊老爱幼，遵守纪律，热爱班集体等，但"公益"二字始终没有出现在我的小脑袋里，直至上学期的某一天，我们的张老师告诉全班同学，我们增加了一门新的课程——社会公益实践课。我和其他同学一样充满许多疑问。什么是公益？让我们干什么？考试吗？一系列的问题像小豆子一样从我脑袋里蹦出。

在课堂上，我学到很多知识。上完"为公共利益做事情"之后，老师布置作业：让我们在家里做一件事，还要拍成照片发给老师，这样可以获得一颗星。我兴奋极了，因为星星对我来说很重要。从那以后，只要老师布置公益实践作业，我都积极完成，目的是获得更多的星星。可我也有不顺心的时候，记得去年冬天，我自己亲手制作了一份保护环境的宣传单，想张贴在社区里。当我兴冲冲地手捧宣传单，带好胶水叫妈妈陪我去社区宣传栏张贴时，妈妈说："还是别去了，多丢人啊！"我顿时有点傻了，不知道是该去还是不该去，幸好爸爸鼓励我。他肯定了我的行为。最终在爸爸的陪伴下，我把宣传单张贴了出去。看着自己的宣传单在那里发挥小小的作用，别提我有多开心了。

还有一次，我看到有位叔叔边抽烟，边打着电话，时不时还咳嗽两声，随口吐痰，我就和小伙伴们商量着该不该去提醒一下叔叔要讲文明、爱护环境呢？可谁也不敢上前，怕被叔叔骂，你推我，我推你，最终我们一起去阻止，没想到那位叔叔人还挺好，没再抽烟，也不随地吐痰了。那位叔叔走时还夸奖我们做得好呢！当时我和小伙伴们高兴的心情简直无法形容，只要碰到熟人我就会讲这件事。我发现只要勇敢尝试，心中所想的就会成为现实。

总之，自从上了社会公益实践课之后，我的收获很多，上课发言更积极了，和同学之间的人际关系也更好了。我发现我们班的同学也更团结了，大扫除时争着抢着干活，特别是脏活、累活，只为我们有一个干净的教室和美丽的校园。在家里，我是爸爸妈妈的小老师，他们也特别支持我做一些公益。现在我主动做一些力所能及的公益之事，不再是为了得到星星，也不再是为了得到老师的夸奖，因为我明白了：只要人人都做公益，我们的生活就会更加美好，我们的社会就会更加和谐，我们的地球就会更加绚丽夺目！

参加公益活动小记

张敬壹

去年暑假，我和妈妈走在回家的路上，走到小区居委会时，看到许多小朋友在门口排队。我很好奇他们在干什么，于是，我问妈妈："我可以过去看看吗?"妈妈同意了。我走过去问了问，才知道原来是居委会组织学生去小区内发传单。

那里有许多哥哥姐姐、弟弟妹妹，我也想去，就询问了居委会的阿姨怎样才能参加。他们说我可以参加，随后我就进队了。

在我们排好队后，阿姨们给我们每人发了一些书或传单，内容有节约用水的、环保绿化的、爱护公共设施的等。我们的宣传对象是小区内的行人。我们一边走一边发，最前面有两个大姐姐举着大牌子，剩下的人全部都发书或传单。我们围着小区发了一圈。刚开始我没发出去，因为我要发的人都被那些哥哥先发了，后来我也学着他们的样子跑着发，最后我只发出去五六张，还有些难过呢!活动快结束时，大家一起到广场集合，这时候，我看到了好朋友罗晓宇，又发给她两张，感觉开心些了。

活动结束时，居委会的阿姨们表扬并鼓励了我们，同时，奖给我们每个人一个气球和一个本。我的气球是绿色的，本子也非常好看，封面是由黑色、白色和红色条纹组成的。这是我第一次参加这种活动，我很开心激动，同时我非常珍惜这个本。

在回家的路上，我对妈妈说："以后我要多参加这种活动!"妈妈说："这就是放假前老师说的公益活动。"参加公益活动真开心呀!

怀感恩之心　尽绵薄之力　建快乐人生
——我参与公益活动的快乐体验
刘昕玚

去年，我们燕山前进第二小学发起了让同学们都参与公益活动的倡议。那时候我还不知道什么是公益活动。老师和爸爸妈妈都告诉我，公益活动就是做帮助别人和社会的事，维护别人的利益和社会的利益。作为小学生，我们就要从自己做起，从自己身边的小事做起。我当时听得似懂非懂，就简单地将其理解为做好人好事。

不过，学校发起这个活动后，我先是在家中帮助爸爸妈妈做力所能及的事情，帮妈妈收拾房间，帮妈妈洗碗，自己整理自己的物品，洗自己的袜子和红领巾。每天看到自己打扫的房间，我特别开心，自己都舍不得弄乱。妈妈夸我长大了，说要做一个对社会有用的人就必须从自己身边的小事做起，才能参与更多的公益活动，还说了一句"一屋不扫，何以扫天下"。我不太理解，但我知道，我做的是对的，所以非常开心。

暑假，妈妈带我一起打扫我们家楼道的卫生，一起擦我们社区的橱窗，还和很多小朋友和家长一起去燕山公园把别人随地乱扔的垃圾捡回垃圾箱。妈妈说社区是我们生活的家，大家应该共同维护这个家的整洁。地球是我们人类的家园，我们必须保护好我们这个家园的环境，不能破坏，这些都算公益活动。当看到我们打扫得干干净净的楼道，擦得亮亮的社区的橱窗和扔到垃圾箱的垃圾，听到大人们对我的夸奖和赞扬时，我感到心里美滋滋的，比妈妈给我买新裙子和冰激凌都开心。我也渐渐地理解了什么是公益活动，也爱上了参与公益活动。

现在我会经常帮助那些推着轮椅和自行车的爷爷奶奶、叔叔阿姨开楼门，帮助他们把轮椅推出去；在路上，只要看到垃圾，我会主动捡起来扔进垃圾桶；我会主动定期提醒妈妈我们要一起打扫楼道的卫生；现在坐公交车我会主动把座位让给老人和比我更小的小朋友；有一次去西单图书大

厦，我和妈妈还扶了一位问路的老奶奶过马路、帮她买矿泉水呢。做这些事情的时候，我觉得自己长大了，觉得自己能帮助别人了。看到被帮助的人开心的笑脸，看到整洁的环境，我真的很开心，比得到妈妈什么奖励都开心，我觉得自己越来越像校长告诉我们的"富有生命价值意义的小公民"了。

妈妈告诉我，我现在做的这些，算是参与了公益活动，因为我现在太小，很多事情还做不了，所以我要好好学习，学习更多的知识，来参与更多的公益活动，来回报社会。爸爸告诉我"合抱之木，生于毫末；九层之台，起于垒土；千里之行，始于足下"，反正就是凡事都要从身边的小事做起将来才能做大事情的意思。

我看到过电视上总播的一个广告，说的是一帮小朋友帮助盲人老爷爷做风车，听风吹树叶的声音，还有一句话说"每人前进一小步，社会前进一大步"。我问妈妈这些广告卖的是什么，妈妈说这是公益广告，告诉大家应该怎样做，不是卖东西的。我似乎更理解了参与公益活动的意义，也坚定了以后一直参与公益活动的信心。

总之，我觉得，参与公益活动我非常开心，助人为乐才是真正的快乐，我要做一名真正富有生命价值意义的小公民！

义务植树感想
高辛锐

植树是我们每一个人的责任，所以参加义务植树活动是很有意义的。植树可以美化环境，防治疾病蔓延。树木每天可以吸收较多的二氧化碳，再生产出对人体有益的物质，让人们的身体健健康康的。

3月12日是植树节，爸爸妈妈带着我和弟弟参加了一年一度的义务植树活动。大家都带着各种植树工具，有的拿铁铲，有的拿锄头，还有的提水。也有很多小朋友和我一样，在爸爸妈妈的陪同下，参加了此次义务植树活动。

植树的坑被工人叔叔提前挖好了。爸爸把树苗放在坑里，我和弟弟帮忙扶正了小树苗，妈妈用铁铲把挖的土放到树坑里，爸爸拿着水桶提来一桶水。我抬头看了看周围的人，发现大家和我们一样，都干得热火朝天，都像一只只勤劳的小蜜蜂各自不停地工作。这时，土已经填满了。小树挺立在那里，好像在对我们说："小主人们，我口渴了，再给我点水喝吧！"爸爸把水倒在了填满土的树坑里，小树咕咚咕咚地喝起来。

小树栽好了，我们高兴地笑了，然后把写着自己美好祝愿的卡片挂在树上。我们要走了，仿佛听到小树在对我们说："再见了！"

参加义务植树这项活动让我感受很深，让我懂得了美化环境的重要性。因此，以后我要主动参加义务植树活动，用植树的快乐和成就感去感染身边的人，让更多的小朋友参加到义务植树活动中去，保护我们赖以生存的环境，让人们不再乱伐树木，从而创造一个属于我们每一个人的绿色家园，让地球郁郁葱葱、鸟语花香，为创造出绿色家园献出自己的力量。

我也懂得了，植树造林可以保持水土、防风固沙，能为人类提供许多有用的东西，能清除污染、净化空气，还能减少噪音、美化环境，为人类提供理想的学习、工作和生活的环境。

清理社区的小广告
刘子煊

公益活动是忘我的劳动，也是培养我们参与公益事业热情的活动。参加公益劳动很光荣，也能塑造自己美好的心灵。我们在学校的倡导下，热情高涨地参加了社区的公益活动。

盛夏的一个早上，我8点多就来到了杏花西里居委会，这是我第一次

参加公益活动，心里还不由地有一点激动。不一会儿，我们社区的同学也都陆续到了。居委会的阿姨告诉我们，今天的任务是清理我们社区的小广告。我们有的拿铲子，有的提水桶，有的拿喷壶，还有的拿着垃圾桶，先来到位于百川美食城旁边的广告栏，我先用喷壶把小广告喷湿，等一会儿我就拿着小铲子用力往下铲，不一会儿我的手里就攥满了铲下来的废纸，然后再弄湿一点继续铲。其他同学看我铲得差不多了就用抹布把贴有小广告的地方擦得干干净净。我们齐心协力，不一会儿就把这块广告栏清理好了，最后还把不小心掉到地上的废纸扫干净。社区阿姨看到我们的举动，不禁连连夸赞我们是爱护环境的小卫士，是好孩子！就这样，我们顶着烈日，把社区的其他广告牌也清理干净了。看着自己脏兮兮的小手，再看看我们的劳动成果，我们心里有说不出的喜悦。

参加这次公益活动，我受益匪浅，体会到了自己的社会价值，自己的社会责任感也增强了，我感觉自己长大了。我暗自下决心，以后要多多参加各种公益活动，锻炼自己，提高自己！

参加公益活动有感

葛子阳

2012年假期，我们二年级（4）班的小伙伴以小组为单位为社区提供志愿服务。捡白色垃圾，让我懂得了美好的环境需要社区中每一个人来爱护；去图书馆当小小志愿者摆齐图书，让我知道了学习是需要一个安静的环境的；我们去健身广场擦健身器材，爷爷奶奶锻炼时看见干净的器材，一定会夸我是个爱劳动的好孩子；我们去养老院为老人慰问演出，为老人送去温暖和关心的同时，让我体会到爷爷奶奶的寂寞和孤独……

老师说"金钱不能代表一切"。参加公益劳动是光荣的，是不要报酬的，是不斤斤计较的。公益劳动是在为社会公共利益而劳动。积极参加公益劳动是为社会尽力，是热爱劳动的表现。妈妈说，多参加公益活动能让我们学会独立。我觉得参加社会公益活动是快乐假期的一部分。每当我想到养老院爷爷奶奶慈祥的笑脸、小区干净整洁的环境……我会感到非常自豪与骄傲。

　　总而言之，公益活动让我们学到了许多东西。我觉得我们确实度过了一个"快乐、健康、安全、有益"的假期。公益活动可以让我们更好地了解这个社会，融到社会中去。所以多多参与公益活动，有利于我们积累经验和增长见识，希望有更多的人融入进来！

　　公益活动还在继续，我们相信在新的学期我们会做得更好。

感受卖报

张怡楚

　　带着零钱，背上书包，捧着批发来的《扬子晚报》，我和同学顶着盛夏的烈日，踏上了卖报之路。

　　我们来到了卖报的首选地带——公交车车站。果然，这里人还真不少，我暗自庆幸，报纸一定卖得出去。害羞的我不敢大声吆喝，只好硬着头皮，一个一个问："请问，您要买报纸吗?""买一份报纸吧。"一圈下来，竟没人肯买我们的报纸，他们不是摆摆手，就是说家里已经订了报纸。而我们呢，叫卖得口干舌燥。

　　第一次卖报纸让我真切地体会到，卖报纸真辛苦啊！夕阳西下，随着人群的增多，我们手中的报纸渐渐变少。有的叔叔阿姨还会微笑着问我："小朋友，你好热情啊！谢谢你的报纸。"听了这些，我心中充满喜悦，为人民服务真是一件令人兴奋的事情。以后我还要做更多能够为他人提供方便的事情。

小小志愿者

朱楚菡

寒假里，我去图书馆做了十几天的志愿者，我的感受可多了。

我在图书馆的工作主要是整理儿童区的书籍，把读者看过的乱堆在书桌上的书放回图书架子上。别小看这点工作，它也需要细心和耐心，最需要的还有责任心。每次去图书馆的时候，书桌上都有堆成小山一样的书，我要将这些书分门别类地放回书架上。如果我不细心的话，就会把书的类别摆放混乱，给小读者找书造成困难。如果我没有耐心的话，成堆的书会占领小读者读书的地方，影响小读者读书的心情。如果没有责任心，我就不会很好地完成这份工作。我在做志愿者的时候，感觉自己好像突然长大了，能和图书馆的叔叔阿姨一起为图书馆工作，我自豪极了。在工作中，我体会到了工作人员的辛苦，我想：如果每个读者都能把看过的书主动归位的话，会减少工作人员很大的工作量，以后我会从自己做起的。每个人都这么想就好了。

从做志愿者的工作中，我深深地体会到了，要想做好一件事情就要细心、耐心、有责任心，就像我们的愿景：做最好的自我，让生命富有价值。

给人幸福就是给自己幸福

潘 硕

妈妈经常对我说：要有一个颗甘于付出的心，要相信好人有好报，要懂得给人幸福就是给自己幸福。妈妈给我讲她外婆的故事，说老太太现在都90多岁了，身体依然很健康，最重要的原因就是她有一颗善良的心、愿意付出的心。心灵美就会让自己身心愉悦，自然身体素质就会好。所以想要健健康康地活一辈子，一定要时时想着给身边的人带来幸福。

这一年来，妈妈一直鼓励我要多做公益事业。她给我们班上公益课，说每天做一些我们力所能及的事情，帮助更多的人，会让社会更加美好和谐。她组织我们去健身广场擦洗健身器材，去杰辉苑小区擦洗宣传栏，捡白色垃圾，宣传低碳生活，去影剧院门口送别我们燕山的英雄——李方洪，去孤儿院帮着搬家，去养老院跟爷爷奶奶聊聊天，去街道看望孤寡老人，去六里社区入户宣传消防知识，去文化广场参加学雷锋活动……跟着妈妈一起参加公益活动是一件很开心的事，也让我明白了给人快乐就是给自己快乐，给人幸福就是给自己幸福。我以后一定要向妈妈学习，关心他人，帮助他人，关爱社会弱势群体，要有社会责任感，做一个与人为善、乐于助人、甘于奉献的人。

身边公益我有责
于子天

在没有上公益实践课前，我对公益知识还不理解，不知道为什么要关爱花草、关爱小动物、关心我的亲人，不知道这些生命和我有什么关系。我很少做一些关爱流浪动物的事情，也很少主动去关心亲人，都是爸爸妈妈在时刻关心我。我对家人对自己的情感没有太多理解，也很少主动去关心同学老师，或回报同学老师对自己的关心和教导。

通过开展公益实践，我理解了家人是我们生活中最重要的人，我们要互相爱护，还要回报家人对自己的关爱。现在，我回家会主动帮妈妈做饭，给爸爸倒水，给爷爷奶奶捶背，给家人送小礼物、主动端饭等。我理解了家人对自己无微不至的爱、同学对自己的关心、老师对自己的教导，我会以自己的方式回报。同学们都学会了用自己的方式关心家人。有的同学在妈妈生日的时候悄悄做一张漂亮的贺卡，给妈妈一个小惊喜；有的同

学会帮值日的同学一起擦桌子，帮老师擦黑板；有的同学会给爷爷奶奶讲有趣的故事。

我知道了，在过去的30年里，地球上的生物种类减少了很多，很多美丽的动植物正处在危机之中。如果我们现在不懂得保护关爱它们，我们将永远见不到它们了。我懂得了善待生命，我会让世界更温暖、更美好、更和谐。通过公益实践，同学们懂得了关爱，也学会了关爱，在家里会主动帮妈妈做家务，给爷爷奶奶捶背，也学着在家长的帮助下，给流浪小动物安个小家、喂吃的。通过学习，同学们对身边的人、事、物，都心怀一颗善良之心，尽自己的能力，从自己做起，不再破坏花草，不再伤害小动物，更加关爱老师、同学和亲人。

捡拾白色垃圾公益活动

陈铭宇

星期天的上午，天气晴朗，万里无云，我和同学们很早就来到杏花东里居委会门口集合，因为我们要参加一次非常有意义的活动——捡拾白色垃圾公益活动。

爸爸带领我来到指定会合地点后，我看到同学们都早早到齐了。爸爸是公益活动的联系人，他跟居委会的阿姨商量了一下，组织我们在楼前合了影。然后我们拿着簸箕、笤帚、大口袋等清洁工具浩浩荡荡地出发了。不一会儿，我们就来到了杏花东里小区南边的一条马路边。居委会阿姨一声令下，同学们就马上开始捡拾路边的垃圾。在捡拾垃圾的过程中，我们班的蔡亚勋同学干得非常出色，他看见草丛深处有许多垃圾，就一下子钻了进去，不怕苦不怕累地捡起来，把垃圾不断地放进垃圾袋。地上的垃圾越来越少，袋子里的垃圾越来越多，不一会儿草丛变得干干净净。我和郝佳毅同学一起配合捡拾垃圾，我负责扫垃圾、撮垃圾，郝佳毅负责拿着垃圾袋装垃圾。不一会儿，我俩就捡了满满一袋子的垃圾。看着我们的胜利"果实"，我俩高兴地哈哈大笑起来。真是人多力量大，刚刚还很脏乱的马路，现在变得干干净净了。同学们虽然都满头大汗，但是谁也不嫌脏，谁也不嫌累，就比谁捡的垃圾多。经过几个小时的清理，马路两边的垃圾全部被清理干净。

时间过得好快呀，半天的劳动很快就结束了。我们通过捡拾白色垃圾，不仅锻炼了身体，美化了环境，还懂得了一个道理：我们一定要爱护大自然，保护环境，从身边的小事做起，不乱扔垃圾，少使用白色的塑料袋，这样我们的环境就会变得越来越好。通过这次公益活动，同学们深刻地体会到保护自然、爱护环境的重要性，认识到白色垃圾对环境巨大的污染和破坏作用。我们决定从身边的小事做起，从自身做起，培养良好的行为习惯，营造出一个干净整洁的生活环境。

参加社区擦健身器材活动
付 涵

参加公益活动有很多好处，首先从中可以看出你是一个有爱心的人，其次你会在公益活动中感受到很多快乐，丰富人生阅历。

暑假，我参加了擦健身器材的公益活动。那天下午，天气很热，正是这样的环境，才激起我参加公益活动的决心。我们按着事先定好的时间来到健身广场。同学们有的拿着抹布，有的拿着水瓶和小盆，开始动手干了起来。在活动中，同学们表现得十分积极，大家不怕脏不怕累，认真、仔细地擦着每一个健身器材。虽然我们满头大汗，但都很高兴。大约过了一小时，所有的健身器材就被擦完了。虽然活动的时间不算太长，但我从中锻炼了自己，并且学到了很多课堂上学不到的东西。公益活动可以让我们建立良好的人际关系，与同学和睦相处，也培养了我们的组织能力和应变

能力；公益活动让我们体验成功，增强自信，学会关心他人，服务社会，同时培养了我们的责任心。

有些事情只有自己体验了才会知道。自己付出了多少，就会得到多少回报。只有认真做了，才能看见成果；只有认真学习了，才会有好成绩。只要自己努力付出了，不管结果如何，那个过程中，自己肯定是受益的。这次劳动并不是很难。想想父母每天都要工作，我们只要坐在教室里学习就可以了。父母辛苦挣钱供我们读书，我们应该珍惜眼前的生活。

公益活动需要更多的人参加，它不需要你付出太多，只需要你微薄的付出就可以了。多一分力量世界更美好！

我们的公益活动

马 赫

我们今天就来讨论一下学校组织的公益活动——捡拾白色垃圾和给贫困地区同学捐款。

白色垃圾是指被人遗弃的超薄塑料袋、一次性饭盒等。它们使用起来既便宜又方便，于是它们被大量使用，但是用过之后就被人们随便丢弃了，所以现在经常一到刮风时，白色垃圾漫天飞。白色垃圾的危害有许多，最主要的是对环境的影响和对人体的危害。人们用来处理白色垃圾的常用方法是焚烧和深埋。可焚烧的同时，一种有毒气体产生了，它可以让人得病，以致死亡。深埋的方法更可怕，因为白色垃圾要过几百年才能降解。

说说我们捡垃圾时的情况吧。杏花东里居委会的叔叔阿姨带着我们来到杰辉苑小区的后门，我们就开始和这些白色垃圾战斗了。我们戴上自己准备的手套，拿着长夹子，把垃圾装进袋子里。同学们好像在比赛一样，争先恐后的，看谁捡的垃圾最多。经过一个多小时的劳动，这条街上的垃

198

圾都被我们捡干净了。

通过这次活动，我增长了很多知识，知道了白色垃圾的害处。因此，我今后一定要尽量少使用一次性餐具，不随便丢弃垃圾。同时，我也想对大家说：如果我们不保护环境，继续乱扔垃圾，总有一天，我们人类会为自己的行为付出代价。

我们参加的另一个公益活动是给贫困地区同学捐款。现在我们的条件都很好，每天穿得干干净净的，坐在明亮宽敞的教室里上课。但是贫困地区的孩子吃不饱，穿不暖，上不起学，买不起书本。活动当天，我们每个人都拿着自己的零花钱去捐款，然后阿姨会给我们一张爱心卡。看着手里小小的卡片，我心里别提多自豪了。

通过这次捐款活动，我暗下决心，一定要珍惜现在的时间好好学习，长大后做一个对社会有用的人。

给社区老人送信
盖绍鹏

去年夏天，在学校领导、老师和家长的支持和帮助下，我和同学们一起参加了一些公益活动。虽然这些都是一些微不足道的小事，可对我来说却是大事，因为这不仅锻炼了我的胆量和勇气，而且让我明白了许多道理。

记得第一次去给富燕新村小区一位老爷爷送信的时候，我都不敢按门铃，在门口徘徊了好久，终于鼓足勇气按响了门铃。老爷爷开了门，我说："老爷爷，您的信。"听着自己有点变调的声音，摸着自己怦怦乱跳的心脏，没等老爷爷说话，我就飞快地下楼了。其他小伙伴看着我狼狈的样子，没有嘲笑我，而是鼓励我继续送信。我也没有退缩，继续硬着头皮去送信，慢慢地我不再害怕与陌生人交流了，做事情时也有了信心和勇气。

和同学们一起清理小广告和捡拾白色垃圾的时候，我们一个个汗流浃背，小脸被太阳晒得红通通的，小手也都脏乎乎的，可看到被我们清理后的墙壁和宣传栏光洁如新，没有了垃圾的草坪碧草如茵，我们都高兴地笑了。从此，我明白了保护环境的重要性。

此外，我还去图书馆帮忙整理图书，去健身广场擦健身器材。

参加这些活动不仅提高了我做事情的能力，还使我认识到了保护环境的必要性。作为公民，我们有责任去保护环境。今后，我还会继续参加这样的活动，并从自我做起，不乱扔垃圾，还要带动身边的人一起保护环境，让我们生活的环境更加美好。

我自豪，我是公益小使者

毕熙勍

今天，当班主任闫老师告诉我，我被评为班级的"公益小使者"时，别提我多高兴了！

"使者"这词听着很神气。所谓"使者"是受命出使的人，泛指奉命办事的人，那么什么是"公益"呢？在二年级暑假前夕，燕山前进第二小学在校领导的号召下掀起了公益活动热潮，老师为我们和家长普及了公益常识并做了宣传活动。

闫老师把全班同学分为三组，并很用心地把联系方式给了组长。我当时就负责其中一个组，一下子觉得肩上的担子沉甸甸的。从哪里入手呢？我一下子犯了难，只好求助于爸爸妈妈。

爸爸妈妈建议我首先带领同学们到图书馆去当志愿者，我听了高兴得蹦起来，连忙打电话联系。

约定的日子到了，同学们全部按时到达。进门之前，管理员阿姨交代了我们所负责的工作和注意事项。原来我们要负责儿童区图书的整理和秩序维持。工作开始了，同学们热情高涨，很卖劲地忙了起来，可是由于大家在家里都是不干活的"小皇帝""小公主"，干不了一会儿就累得满头大汗，横七竖八地躺在儿童区的椅子上休息。很快我们就受到了管理员阿姨的批评。阿姨说："图书馆是文化殿堂，志愿者是来有效地配合和帮助管理员来管理图书馆的工作和维持秩序的，自己要以身作则才能说服他人。"是啊，阿姨说得真好，我们都惭愧地低下了头。志愿者可不能做做样子，还有许多读者看着呢。后来，我们多次到图书馆当志愿者，虽然辛苦，却收获了很多快乐。

在2012年北京"7·21"特大洪水中，派出所所长李方洪为了救受灾的群众献出了自己宝贵的生命。在他出殡的日子，燕山的道路旁密密麻麻地站满了送别英雄的人们，我和同学们也加入了这个队伍。我们站在一条写着"英雄一路走好"的横幅下面，格外引人注目，有很多人投来赞许的目光，还有一位摄影记者给我们拍了照。当灵车缓缓开过时，我们的心里都越发难过，只能默默地祈祷"英雄一路走好"。

通过多次参加公益活动，我学到了书本上没有的知识。在图书馆当志愿者使我学会了珍惜别人的劳动成果；送别英雄让我懂了奉献的可贵；与同学们一起开展公益活动，我感受到了团结的力量……

我自豪我能成为公益小使者，我要和同学们坚持将公益活动这种正能量传播到底。

孤儿院慰问盲童

安　朔

老吾老，以及人之老；幼吾幼，以及人之幼。我很想做到这句话，可是，我毕竟是小孩，像我这种独生子女在家里无法照顾比我小的人，但今天，我在盲童孤儿院里做到了这件事。

在妈妈的带领下，我们来到了盲童孤儿院慰问盲童。刚进大门，一排排大树像哨兵一样挺着腰。我不禁说道："这里真美呀！"可是心里又在想："盲童们可真可怜，这么美好的环境都看不见。"

我们刚一停车，老师就带领盲童来欢迎我们。我看见，有的盲童的眼睛是闭着的，有的眼睛是向上翻着的、黯淡无光。他们中间有两个小盲童最特别，我们一问才知道，他们患有白化病。我们一来，所有盲童都很快乐。我们送给他们很多礼物，并且为他们表演了节目。在我们班一名同学跳舞的时候，我一直在发呆，心想："哎！多么好看的舞蹈啊，可惜盲童们却看不见。"我表演架子鼓的时候，看见许多盲童随着节拍点头。表演完之后，我问他们的老师这是怎么回事，老师告诉我："这个孤儿院的主人会打架子鼓，他们经常能听到。"表演完后，我们参观了盲童们的家。今天的经历使我非常难以忘记。

盲童看不到五彩的世界，但是因为有了关爱，他们生活得非常快乐。回家的路上，妈妈教我唱了一首歌：《让世界充满爱》……

安硕是值得我学习的公益先锋

闫　宇

我的好朋友安硕是一个特别热爱公益的人。暑假，我们班组织了很多次公益活动，每一次他都热心参与，带领同学们一起认真进行各项活动。

有一次，安硕妈妈组织我们去学校前的小公园捡垃圾。

这一天早上，天气特别热，一点风也没有，原地站着也会冒出汗来。妈妈很早就带我来到了小公园，当我们到的时候，安硕妈妈和安硕已经早早等在那里了。不一会儿，同学们也都到齐了。安硕负责给我们每个人发了一副一次性手套。我们左右张望了一下，发现平坦的水泥地上、绿绿的草坪上遍布着许多卫生纸、烟头和包装袋，于是我心想："是谁这么不讲卫生乱扔垃圾呢？看来今天要大干一场了。"

　　我们戴上手套，拿上垃圾袋，便开始捡拾垃圾了。我和安硕并肩来到墙边，从右往左一边走一边看，生怕落下一个。他发现了一个烟头，那个烟头非常短，他好不容易把它拿了起来，可手一抖，它又掉了，安硕一点也不嫌麻烦，又再来一遍，终于捏起烟头放进了垃圾袋。安硕又在健身器材下面发现了一个包装袋，于是大步走了过去，蹲下来，伸出手，把它掏了出来，可他一抬头，差点撞在健身器材上，真是有惊无险啊！

　　我们一边找一边捡，随时把捡到的垃圾扔进袋子里，不一会儿，袋子就装满了。我和安硕头上的汗多得像被淋了雨，腿上也被蚊子叮了好几个包。我看到这些蚊子包，赶紧让妈妈给我喷花露水，可安硕根本不当回事儿，笑着对我说："看，在我们的努力下，地面、草坪变得多干净呀。"

　　同学们把垃圾袋放到一起，还真堆了一大片。安硕带头，一只手拿两个，和同学们一起把垃圾袋扔进了附近的垃圾箱。大家都高兴地笑了。

　　我发现安硕在活动中，不怕脏，不怕累，不娇气，还很细心，这些都值得我学习。

　　还有一次，安硕妈妈联系了窦店一家盲童学校，带我们一起去给小朋友们演节目。一路上，大家有说有笑的，就像外出春游一样，都很高兴。下车的时候，安硕妈妈打开车的后备厢，安硕跑过去拿了很多送给小朋友的礼物，有日用品，也有玩具。

　　我们第一次看到这些小朋友，他们有的挂着导盲棍，有的扶着墙慢慢地走，还有一些更小的拉着他们老师的衣角不放。看

附图10　同学们一起捡拾垃圾

附图11　安硕在为盲童表演架子鼓

到这些小朋友，我们都很同情他们，安硕说："以后如果有时间，我们可以经常来这里看看小朋友们。"

安硕妈妈和盲校的老师联系好以后，我们就来到他们学校的一个大房间里，给小朋友们表演节目。

大家有的说笑话，有的唱歌。我发现安硕表演的架子鼓最受小朋友们欢迎。后来妈妈告诉我，盲人小朋友看不到东西，但是听力都特别好，节奏感也会很强。

安硕表演的架子鼓，节奏感强，乐律也好听。屋里空间小，天气也热，安硕打鼓打得满头大汗，可是小朋友们都听得非常高兴，情不自禁地跟着一起拍手，一起跳了起来。

节目表演完，我们一起给校园拔了草。我倒是发现了路边的一棵野草，但是用尽了全身力气也拔不动，安硕看到了，说："我来!"只见他一只手抓住野草的根部，用力一拔，那棵野草就被连根拔起了。真不愧是我们班的大力士啊。

我发现安硕很有才华，很关爱小朋友，特别有同情心，还乐于帮助同学，这些都值得我学习。

后来，我们还在去敬老院慰问了那里的爷爷奶奶，还去健身广场把各种健身器械擦干净了。每一次活动中，安硕都是"主力队员"。

我也要像安硕那样，热心公益活动，做有益于社会的事。

附录三　资源链接

一、书籍资源

（一）《孩子，先别急着吃棉花糖》

［美］乔辛·迪·波沙达　著，［韩］任定进　改编，徐若英　译，青岛出版社，2011年

小学生珍妮弗家境不错，平日里衣食无忧，但和所有同龄的小女孩一样，对学习和生活有不少的疑惑和抱怨。父亲乔纳森事业成功但平时工作十分忙碌。为了帮助女儿快乐地成长，乔纳森给女儿讲了一个又一个小故事，还把自己小时候参加过的斯坦福大学的棉花糖实验拿来跟女儿分享。他的努力，终于让珍妮弗有了很大的改变。她不再遇事抱怨，变得更有自信、更快乐、更会管理自己，无形中养成了受益一生的好习惯。

（二）《男生万岁》

［法］奥利维埃·洛特　等著，戴雨辰　译，广西师范大学出版社，2011年

9～16岁的男生正处在一个尴尬期，你的身体在发生变化，但还不算成年人，也不再完全是小孩。你升入中学了，这也是一个神圣的变化。通过本书，你将找到你关心的问题的答案。

如何结交真正的朋友？怎样自在地和女生相处？如何跟家人愉快生活？什么是青春期发育？进入中学后如何保持自信？怎样打发空余时间，一个人玩还是和朋友一起呢？

这里有专家建议，有指出问题所在的小测试以及同龄人的亲身体验。一切都为了使你在青春期感到舒服自在。

（三）《女生万岁》

［法］塞韦莉娜·克洛夏尔　等著，戴雨辰　译，广西师范大学出版社，2011年

8～15岁的女孩子尚未进入青春年华，应该说女孩在这个年龄还只是孩子。这是个麻烦不断的时期。你不知道如何应对那些大大小小的烦恼。本书将解答你的问题。

（四）"儿童心灵成长自助宝典"丛书《我不再生气：教你学会宽容的故事》

［韩］申贤英　著，安金连　译，江苏少年儿童出版社，2010年

处于成长阶段的孩子需要处理学习问题，需要交朋友，需要在学校里度过集体生活。尤其是随着身体的成长，孩子的心理也不断地成熟，在这个过程中，他们常常会碰到许多烦恼，包括各种不同的情绪、情感上的困惑，如果这些得不到及时的沟通或宣泄，他们难免陷入困境。"儿童心灵成长自助宝典"这套书选取了孩子们最容易遇到的10个情绪问题，用故事的形式打动孩子，帮助他们冷静面对自己遇到的问题，使他们解除困惑、更加健康地成长，是成长期儿童不可多得的心灵鸡汤。

本书为该丛书中的一本。全书通过生动有趣的故事，让孩子们自己领会故事主旨。本书通过故事后面的思考题，引导孩子们自己思考问题；通过"心心博士的悄悄话"，来帮助孩子们分析和梳理摆脱苦恼的方法；通过"心心博士的一点通教室"中非常有趣的测试题，了解孩子们的情绪状态，测试读书的成果。

（五）"儿童心灵成长自助宝典"丛书《我真棒：缺乏自信时读的故事》

[韩]徐仁永　著，安金连　译，江苏少年儿童出版社，2010年

你拥有自信吗？在众人面前发言时，你是不是感觉心跳加速、头晕脸红？这就是缺乏自信的表现。自信心是成功的基石，一个缺乏自信的人，往往不敢展示才华，常常与成功的机会失之交臂。在这本书中，有身体残疾的运动员，有长着一对驴耳朵的国王，还有圣雄甘地……他们都曾缺乏自信。他们的故事，会教给你树立自信的方法，使你勇敢地对自己说"我真棒"，你一定会变得更有力量！

（六）"儿童心灵成长自助宝典"丛书《我不怕被排斥：教你学会与人相处的故事》

[韩]金珉政　著，安金连　译，江苏少年儿童出版社，2010年

你是否曾经因为外貌与众不同，或者有独特的想法而被朋友排斥？你一定非常沮丧吧？其实，在这个世界上，每个人都是一个独特的个体。有不同特征的人组织起来的世界，才是一个完整的美丽的世界。丑小鸭曾经被见识短浅的鸭子们排斥过，牛顿也曾经被同学排斥、欺负……读完他们的故事，希望对你有所启发，使你能够勇敢地面对排斥的目光，智慧地与别人沟通，做一个独立而自信的自己！

（七）《德国少年儿童百科知识全书：什么是什么》

[德]雷纳·科特　等文，[德]埃贝尔哈尔德·埃曼　等图，李玉茹等译，湖南教育出版社，2011年

作为一套百科全书式的科普读物，无论选材、文字和配图，它都使人感觉到一刀到位的"外科手术刀"似的精确，绝不拖泥带水。

我想，这套书的成功，首先在于策划的成功，其次在于作者的选择，他们必定是一些各个专业的专家，又是熟悉儿童心理和有文学修养的学者。这是一套佳品，我愿意郑重推荐。要知道，作为毕生从事"花岗岩研

究"的地质科学工作者,我早已形成了"花岗岩脑袋"。我是不会随便给"假药"做广告的。

——国家科学进步奖得主　刘兴诗

二、网络资源

专业儿童教育网站:

http://www.teachingvalues.com/principlesummary.html

http://ccppg.com.cn/

http://www.cctf.org.cn/

后　记

在公益教育及实践项目组做了大量前期调研的基础上，《青少年志愿服务公益实践学生指导手册》，已经顺利编写完成。它的完成是项目组与项目学校、家庭、社区多次研讨和修改的成果。

首先，我们要感谢北京市海淀区永泰小学、北京市房山区燕山前进第二小学等学校各位小学生的积极参与和行动。你们的公益实践，让我们看到了中国的未来和希望；感谢这些学校校长和德育教师的鼎力协助；感谢永泰小学家长委员会和永泰庄社区、永泰东里社区、永泰东二里社区、永泰西里社区、清缘里社区、清润家园各社区居委会主任的热心支持。因为诸位的参与和支持，这本指导手册才得以形成。在今后的公益实践中，我们还要进一步修改。

其次，感谢北京市海淀区教育委员会社区教育专家沈亚清、北京师范大学许惠英副教授、中央民族大学卫小将副教授、西北师范大学白列湖老师和张志红副教授、北京师范大学巴战龙副教授以及田禾、史篇、丁雪娇、洪峰、魏岐如、袁帅、陈盼、杜艳平等，他们多次参加手册的研讨和修改，提出了宝贵的建议，给予了有力的支持。

最后，感谢丁雪娇、洪峰、魏岐如、袁帅、杜艳平对手册的校对和对定稿所付出的努力。尽管本

手册经历了多次修改和补充，但我们仍期待着在实践中不断完善。本手册编写成员有韩辉、丁雪娇、魏岐如、洪峰。公益小使者由王亚军、琚振蕲设计。在此，我们对编写者执着的精神和积极的行动予以肯定。

此外，我们也诚挚地欢迎读者与我们联系。我们的电子邮箱是：gongyijiaoyu@bnu.edu.cn.

尚立富　韩辉

2017年春

图书在版编目（CIP）数据

青少年志愿服务公益实践学生指导手册/尚立富主编. —北京：
北京师范大学出版社，2017.6
ISBN 978-7-303-21874-5

Ⅰ. ①青…　Ⅱ. ①尚…　Ⅲ. ①青少年—社会服务—中国—手
册　Ⅳ. ①D432.6-62

中国版本图书馆CIP数据核字（2017）第008259号

营　销　中　心　电　话　010-58805072 58807651
北师大出版社学术著作与大众读物分社　　http://xueda.bnup.com
QINGSHAONIAN ZHIYUAN FUWU GONGYI SHIJIAN
XUESHENG ZHIDAO SHOUCE
出版发行：北京师范大学出版社　www.bnupg.com
　　　　　北京市海淀区新街口外大街19号
　　　　　邮政编码：100875
印　　刷：鸿博昊天科技有限公司
经　　销：全国新华书店
开　　本：787 mm×1092 mm　1/16
印　　张：13.5
字　　数：186千字
版　　次：2017年6月第1版
印　　次：2017年6月第1次印刷
定　　价：39.00元

策划编辑：陈红艳　　　　　责任编辑：齐　琳　康　悦
美术编辑：王齐云　　　　　装帧设计：锋尚制版
责任校对：陈　民　　　　　责任印制：马　洁